見るだけで英語が話せるようになる

なるほど！
英会話
フレーズ

重盛佳世

JN068074

SOGO HOREI Publishing Co., Ltd

はじめに

こんにちは、Kayo です！

　私は 40 歳手前で勤めていた会社を退職し、イギリスの "カンタベリー" という町に語学留学しました。当時はまったく英語ができなかったのですが、「**イギリスに行けば話せるようになる！**」と、根拠のない思い込みで渡英したのでした。

　しかし、現実は甘くありません。ご存じの通り、現地では見ること・聞くこと・話すことすべてが英語。当然ですが、学校の授業も英語のため、初めのうちは、先生の言っていることがまったく理解できませんでした。(ちなみに、初日のクラス分けテストでは、一番下のクラスになりました…)

　こんな行き当たりばったりでスタートした留学生活ですが、**私が日々実践していたのがノート作りです**。学校の授業だけでは到底理解できなかったので、授業中はとにかくホワイトボードの内容や先生の言っていることを、片っ端からノートにとっていました。そして帰宅後にその日の授業を振り返り、教科書とノートを照らし合わせてひとつひとつ理解しながら、**自分の分かりやすいように別のノートにまとめていました**。分からないことは辞書を引いたりネットで調べたりして、それでも分からなければ、次の日に先生に聞いていました。

　とにかく私は覚えるのが苦手だったので、ノートを作るときには似たような意味の**単語や表現を、どうやってわかりやすくまとめるかを考え、表にしたり強弱に応じて並べ替えたりと**、いろいろと工夫しました。
　その後、上のクラスに上がるにつれて、難しいフレーズや文法も習うようになります。そこで習ったことを、それまで作ってきたノートに足して内容をアップデートし、後から見ても理解できるように整理していました。そうしていくうちに、自分流の英語が身に付いていったのです。

しばらくして語学留学は終わったのですが、私はカンタベリーでの生活が気に入ったので再度イギリス滞在を試みます。そして、ホストファミリーの協力もあり、しばらくの間イギリス生活を続けることができました。その時期には現地にたくさんの友人を作り、ネイティブから生きた英語をたくさん吸収しました。そうした中で気づいたのが、彼らの表現力の豊かさです。ひとつのことを様々に言い換え、同じ表現は繰り返しません。（日本語もそうですよね！）

　後で知ったのですが、この「言い換え」を「パラフレーズ」といいます。

　実は、**英語を覚えるにはこのパラフレーズを使うことがとても効果的**だったんです。私も知らず知らずのうちに、パラフレーズを使って英語を覚えていました。

　例えば「質問フレーズ」ひとつとっても、家族や友人の間ではカジュアルな言いかたをしますが、ビジネスの場ではフォーマルな言いかたをします。また、日常生活でよく使う「暑い」などの表現も、少し暑いのか、とても暑いのか、我慢できないくらい暑いのかによって、使うフレーズは変わります。

　こうしてシチュエーションに応じて言い換えるだけで、表現の幅が広がるだけでなく、**新しい単語が芋づる式にどんどん身に付いていく**んです。

　本書では、日常でよく使う **52 のフレーズの言い換え**を、図や表にしてわかりやすく解説しています。シチュエーションや強弱の度合いに応じてまとめているので、**目で見て理解して、すぐに使うことができます。**

　全部覚える必要はありません。一度見ておくだけでも実際に耳にしたとき、「この表現、前に本で見たやつだ！」と思えるはずです。また、その中で自分に合ったものがあれば、ぜひ実際に使ってみてください。メールや手紙などに活用してみるのもおすすめです。**英語は頭の中だけで理解していても上達しません。実践して初めて自分のものになります。**失敗を恐れずに、どんどん試してください。

　本書は、かつての私のように**英語が全くダメな初心者の方**にも、長い間勉強しているけどモヤモヤしていて、**もう一度学び直したいという方**にも役立つ内容が満載です。肩の力を抜いて英語を学べる本書が、読者の皆様のお役に立つことを願っています。

2020 年 10 月　重盛佳世

Chapter 1 では「あいさつ」のパラフレーズを紹介。
日常生活に必要不可欠な表現からスタートします。

おなじみの基本フレーズ。こちらの言い換え（パラフレーズ）が下記に並びます

フレーズをより深く理解するためのワンポイントアドバイス

フレーズが使われる状況や、どのように使い分けられるかを示すバー

★対向ページには返事のパラフレーズを載せています

上記の "How are you?" に代わる様々な表現を状況に合わせて載せています

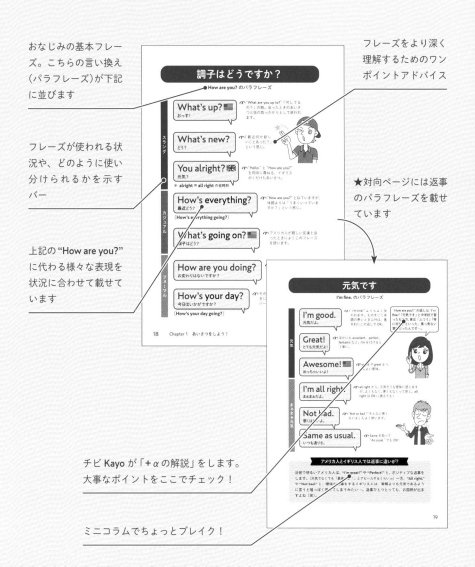

チビ Kayo が「＋αの解説」をします。
大事なポイントをここでチェック！

ミニコラムでちょっとブレイク！

本書の使いかた *Chapter 2 & 4*

Chapter 2 と **4** では「気持ち」や「感覚」のパラフレーズを紹介。
フレーズごとのニュアンスや、強弱の度合いを見ながら学べます。

このバーで示される各フレーズのニュアンスや、強弱を見ながら一緒に学ぶと理解しやすい！

基本フレーズが、表の中ではどの位置に来るかを示しています

★対向ページには、対比や返事のパラフレーズを載せています

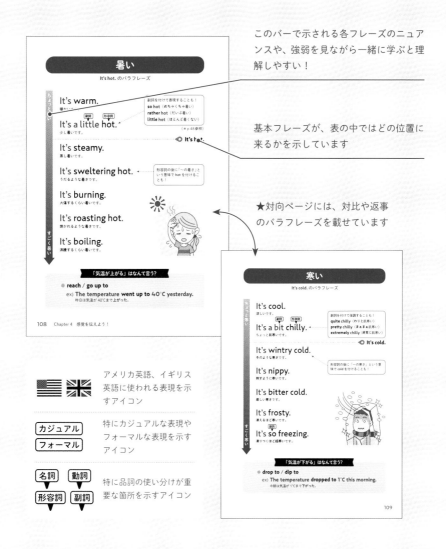

暑い
It's hot. のパラフレーズ

It's warm.
暖かいです。

副詞を付けて表現することも！
so hot（めちゃくちゃ暑い）
rather hot（だいぶ暑い）
little hot（ほとんど暑くない）
（→p.48参照）

It's a little hot.
少し暑いです。

It's steamy.
蒸し暑いです。

It's sweltering hot.
うだるような暑さです。

形容詞の後に「〜の暑さ」という意味で hot を付けることも！

It's burning.
火傷するくらい暑いです。

It's roasting hot.
焼かれるような暑さです。

It's boiling.
沸騰する（くらい）暑いです。

「気温が上がる」はなんて言う？
● **reach / go up to**
ex) The temperature **went up to** 40℃ yesterday.
昨日は気温が 40℃まで上がった。

108　Chapter 4　感覚を伝えよう！

寒い
It's cold. のパラフレーズ

It's cool.
涼しいです。

副詞を付けて強調することも！
quite chilly（かなり肌寒い）
pretty chilly（まあまあ肌寒い）
extremely chilly（非常に肌寒い）

It's a bit chilly.
ちょっと肌寒いです。

It's wintry cold.
冬のような寒さです。

形容詞の後に「〜の寒さ」という意味で cold を付けることも！

It's nippy.
刺すように寒いです。

It's bitter cold.
厳しい寒さです。

It's frosty.
凍えるほど寒いです。

It's so freezing.
凍りつくほど寒いです。

「気温が下がる」はなんて言う？
● **drop to / dip to**
ex) The temperature **dropped to** 1℃ this morning.
今朝は気温が 1℃まで下がった。

109

🇺🇸 🇬🇧 アメリカ英語、イギリス英語に使われる表現を示すアイコン

カジュアル フォーマル　特にカジュアルな表現やフォーマルな表現を示すアイコン

名詞 動詞 形容詞 副詞　特に品詞の使い分けが重要な箇所を示すアイコン

Chapter 3 では「感情」のパラフレーズを、3 つの見せかたで紹介。
場面や感情に合わせて様々なフレーズを使ってみましょう。

代表的な 6 つの感情
「喜び・悲しみ・怒
り・恐怖・不快感・驚
き」をピックアップし
ています

【1】ネイティブが感情
を表す様々なお決まり
フレーズ。覚えるのは
大変ですが、ひとつで
も使えるようになる
と、英会話に自信が付
きます！

【2】基本の英文にこれ
らの単語を入れ換える
だけで、様々な感情を
表現できます

シチュエーションと
一緒に頭に入れると
覚えやすい！

【3】感情をひと言でダイレクトに伝えら
れる強力ワード。漫画のシーンで楽しく
学んで、さっそく使ってみましょう

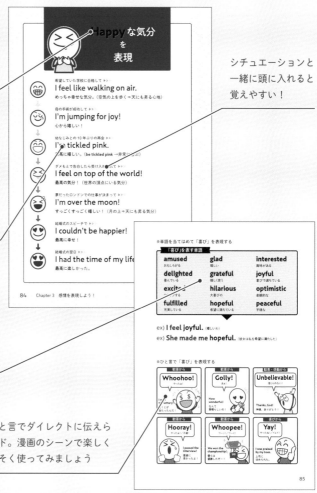

勉強の合間にちょこっとブレイクしてほしい箸休めページ。
知っていると誰かに話したくなる、お役立ちトピックを紹介しています。

◀「午後／afternoon」は何時から何時まで？「早朝」や「真夜中」は？ と、1日の中の時間帯を図を見ながら理解できます。知っていそうで意外と知らない情報ですよね！

英語のフレーズにはよく色の単語（red ▶ など）が使われています。それぞれの色には特有のイメージがあり、同じ色でも日本と英語圏ではイメージが異なります。その違いが面白かったのでまとめてみました

本書の使いかた　解説ページ

パラフレーズ以外にも、文法的に押さえておきたい内容や、実用的な情報をまとめています。"もっと英語が楽しくなる"お役立ち解説ページです。

▲ こちらは sorry と apologize を使うときに知っておきたい情報を紹介。このように、押さえておきたい文法についてはしっかりと解説しています

メールや SNS ですぐに使えるフレーズ ▶
も、随所で紹介しています

ひとつのことを伝えるにも、シチュエーションや目的によって様々な表現があります。下記のように表にすることで、視覚で理解できます。

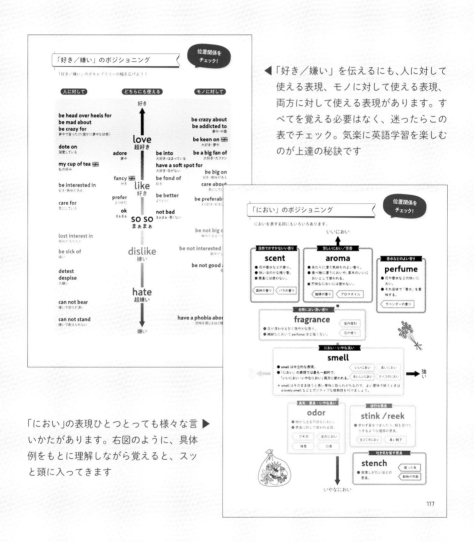

◀「好き／嫌い」を伝えるにも、人に対して使える表現、モノに対して使える表現、両方に対して使える表現があります。すべてを覚える必要はなく、迷ったらこの表でチェック。気楽に英語学習を楽しむのが上達の秘訣です

「におい」の表現ひとつとっても様々な言▶いかたがあります。右図のように、具体例をもとに理解しながら覚えると、スッと頭に入ってきます

Chapter 1　あいさつをしよう！

Chapter 2　気持ちを伝えよう！

装丁／飯富杏奈（Dogs Inc.）

イラスト／重盛佳世

本文デザイン・DTP ／木村勉

校正／株式会社 ぷれす

Chapter 1

あいさつ を しよう！

こんにちは

Hello. のパラフレーズ

スラング

Cheers! 🇬🇧
よぉ！／オッス！

🐟「乾杯」という意味の cheers。イギリスやオーストラリアではこのように「あいさつ」や「感謝・お礼」の言葉としても使われます。

Hey, Tom! 🇺🇸
よぉ、トム！

🐟 こちらは日本でも使ったりしますよね！

Hiya! 🇬🇧
やぁ！

🐟 語源は "How are you?" の短縮ですが、"How are you?" の意味では使いません。

カジュアル

Morning, Dad.
お父さん、おはよう。

🐟 家族や親しい友人同士なら、これで OK。

Hi, Susan!
やぁ、スーザン！

🐟 相手の名前を付けるとより親近感が出ます！

"Hello there." は BBC の気象予報士もあいさつで言っています♪

Hello there.
こんにちは。

🐟 この there には特に意味がなく、Hi や Hello と同じです。

フォーマル

Good morning, Mr.Brown.
ブラウンさん、おはようございます。

🐟 品のよい人やフォーマルな場では Hello ではなくこちらを使います。このように相手の苗字を付けると更に丁寧に！ 名前がわからないときはその部分に男性→ Sir、女性→ Madam を付けます。

●「こんにちは」のポジショニング

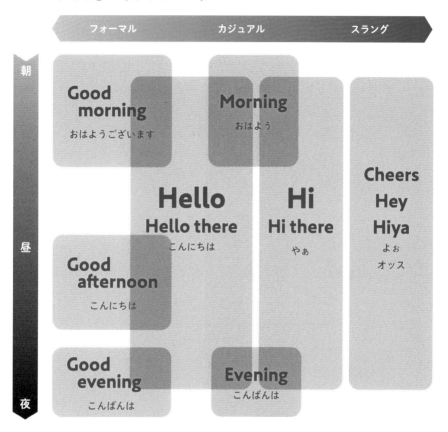

フォーマル	カジュアル	スラング

朝

Good morning
おはようございます

Morning
おはよう

Hello
Hello there
こんにちは

Hi
Hi there
やぁ

Cheers
Hey
Hiya
よぉ
オッス

昼

Good afternoon
こんにちは

Good evening
こんばんは

Evening
こんばんは

夜

あいさつひとつでわかる、イギリスでの階級制度

イギリス人は老若男女歩くのが大好き。週末や旅行先でも街中や自然の中を歩きながら、おしゃべりを楽しみます。私も地元の友人たちとよく出かけました。そんなときに「いいな！」と思ったのが、ウオーキング中の人々の交わすあいさつ。通常はお互い目が合うと "Hello!" と微笑み合うのですが、時々 "Good morning /evening." と声をかけてくる人がいます。こういう人たちは「育ちのいい人＝上流階級の人」だと友人が教えてくれました。日本で言ったら「ごきげんよう」って感じです。後日、それを教えてくれた友人に、"Good evening." と気取って言ってみましたが「Kayo、残念だけど気品が感じられないわ〜」って笑われちゃいました。やっぱ口先だけではダメですね（苦笑）。

調子はどうですか？

How are you? のパラフレーズ

スラング

What's up? 🇺🇸
おっす！

〜 "What are you up to?"「何してるの？」の略。会ったときのあいさつと話の取っかかりとして使われます。

What's new?
どう？

〜「最近何か新しいことあった？」という感じ。

You alright? 🇬🇧
元気？

＊ **alright = all right** の省略形

〜 "Hello." と "How are you?" を同時に尋ねる、イギリスのくだけたあいさつ。

カジュアル

How's everything?
最近どう？

（**How's everything going?**）

〜 "How are you?" と似ていますが、体調よりは「うまくいっていますか？」という感じ。

What's going on? 🇺🇸
調子はどう？

〜 アメリカ人が親しい友達と会ったときによくこのフレーズを使います。

フォーマル

How are you doing?
お変わりはないですか？

〜 "How are you?" より丁寧な言いかた。一般にはこちらのほうをよく使います。

How's your day?
今日はいかがですか？

（**How's your day going?**）

〜 その日どうしていたかを尋ねるときに。例えば毎日立ち寄るスーパーの店員さんなどに使います。

元気です

I'm fine. のパラフレーズ

元気

I'm good.
元気だよ。

〜 "I'm fine." よりもよく使われます。ものすごく体調の悪いとき以外は、基本的にこの返しでOK。

"How are you?" の返しは "I'm fine." 「元気です」と中学校で習ったものの、実は「ふつう」「特に何も」といった、素っ気ない意味だったんです…。

Great!
とても元気だよ！

〜 ほかにも excellent、perfect、fantastic など。I'm を付けると丁寧に。

Awesome! 🇺🇸
めっちゃいいよ！

〜 good や great よりもよい意味。

まぁまぁ元気

I'm all right.
まぁまぁだよ。

〜 all right から、元気そうな意味に感じますが、よくもなく、悪くもなくって感じ。all right は OK に換えても！

Not bad.
悪くはないよ。

〜 "Not so bad." 「そんなに悪くないよ」もよく使います。

Same as usual.
いつも通りさ。

〜 Same を取って "As usual." でも OK！

アメリカ人とイギリス人では返事に違いが？

活発で明るいアメリカ人は、**"I'm great!"** や **"Perfect!"** と、ポジティブな返事をします。（元気でなくても「最高だよ！」とアピールするくらいw）一方、**"All right."** や **"Not bad."** と、曖昧な返事をするイギリス人は、実際よりも元気であるように言うと嘘っぽく感じてしまうみたい…。返事ひとつとっても、お国柄が出ますよね（笑）。

はじめまして

Nice to meet you. のパラフレーズ

定番

Nice to meet you.
はじめまして。

= **It's nice to meet you.**

 ネイティブは Nice のところを Happy や Lovely、Glad などに換えたりします。こう言われたら、返しは "Nice to meet you too." 「こちらこそ、はじめまして」になります。

フォーマル

Pleased to meet you.
はじめまして。(お会いできて嬉しいです)

= **It's a pleasure to meet you.**

 こちらの返しは "The pleasure is mine." です。mine を強めに言うと「こちらこそ、はじめまして」と強調されます。

とてもフォーマル

How do you do?
はじめまして。(ごきげんよう)

 「はじめまして」= "How do you do?" と学校で学びましたが、実はネイティブ間ではあまり使いません。返しはそのまま、"How do you do?" になります。

初対面のあいさつ：「出会った」ときと「別れる」とき

初めて会った人とのあいさつの定番、**"Nice to meet you."**。そして、その人との別れ際には、**"Nice meeting you."** と言いますが、この to meet と meeting の違いは、知っていましたか？

Nice to meet you. ………… 不定詞 これから先（未来）のことを表します。
はじめまして。　　　　　　　→会えて嬉しいです。これからよろしくお願いします。

Nice meeting you. ……… 動名詞 過去から現在までのことを表します。
お会いできてよかった。　　　→今日お会いすることができてよかったです。

おひさしぶり

Long time no see. のパラフレーズ

カジュアル

Long time no see.
お久しぶりです。

直訳）長い間会っていな
かったね。

It's been a while.
しばらくぶりだね。

while をサラッと言うと「それ
ほど期間が空いていない」感、
強調すると「ずっと会ってい
なかった」感を出せます。

It's been ages.
長いこと会ってなかったね。

How come I never see you?
今までずっと会わなかったってどういうこと?

少々大げさですが、再会の嬉しさが伝わるフレーズ！

フォーマル

Nice to see you.
お会いできて嬉しいです。

ネイティブは、Nice のところを
Good や Lovely に換えて言ったり
します！

Good to see you again.
またお会いできて嬉しいです。

again で久しぶりに会ったときの喜び
を伝えられます。

How long has it been?
どれくらいお会いしていませんでしたか?

前回会ったときを思い出せないくらい
久しぶりに会ったときに。

さようなら

Good bye! のパラフレーズ

Good bye や Bye だけじゃない、ネイティブはむしろこっち！

カジュアル

Cheers!
じゃあね!

꩜ イギリスやオーストラリアでは、男性同士で Bye（じゃあね）の代わりに使います。

Bye for now.
またね。

꩜ 比較的頻繁に会う間柄で気軽に使う表現。

Catch you later!
また後で!

= **See you later.**

Talk to you later.
じゃあね。（また後で話そうね）

≒ **See you later.**

Take care.
元気でね。／じゃあね。

꩜ "Take care of yourself." は相手の体調を気遣う意味で使いますが、"Take care." は、「元気でね」と気軽なあいさつとして使います。

フォーマル

Good to see you again.
また会えてよかったです。

꩜ 2 回目以降に会う場合。（初対面では again を取って、see のところを meet に！）

Have a nice day then.
それでは失礼いたします。

꩜ then（それでは）を付けるとフォーマルに。ビジネスでの会話の終了時や、電話を切るときに使います。

別れ際に使う**2つ**の定番フレーズ

シチュエーションに応じてクールに使い分けよう！

● See you later.
また後で（お会いしましょう）。

ここをアレンジして言い回し！

次に会う予定が決まっていないとき

soon
またすぐに会おうね。

🖐️次に会う予定が決まっていないときに「また近いうちに！」という感じで使います。

around
またどこかで。

🖐️around（このあたりで）を使って「お互いが知る共通の場所で会おう」という意味に！

sometime next week
来週のどこかで会おうね。

🖐️sometime（いつか）を入れることで、はっきりとした日時の約束でないときに使えます。

one day
いつ（の日）か会おうね。

🖐️特別な別れ際（引っ越しなど）に感情を伝えるあいさつです。someday でもほぼ同じ意味に。

one of these days
いつか会おうね。

🖐️"See you one day." とほぼ同じ意味。期間を区切り、次に会う日程を決めるときも使えます。

次に会う予定が決まっているとき

then
またそのときに会おうね。

🖐️別れ際のひと言はもちろんのこと、電話を切るときにも使えます。

next time
また次のときに会おうね。

🖐️ほかにも next weekend（来週末）や、next month（来月）など、応用がききます。

next Friday at 7pm
来週金曜日の 19 時に会いましょう。

🖐️口頭ではこんなに長くてかしこまったフレーズは使いませんが、メールや SNS の締めに。

● Have a nice day.
よい1日を（お過ごしください）。

ここをアレンジして言い回し！

その日のことを言うとき

great day
素晴らしい1日を。

🖐️great のところに wonderful や lovely など、様々な形容詞を入れて言います。

good one
じゃあね。

🖐️one は状況を特定せず、いつでも使えます。アメリカで使われる気楽なあいさつです。

金曜日の夕方などに

good weekend
よい週末を。

nice time with your family
ご家族とよいひとときを。

パーティーやイベントなどに出かける相手に

wonderful time
素敵な時間を。

🖐️time のところを party や drive、fishing などにアレンジ可能です。

休暇を取ったり旅行に出かける相手に

lovely holiday 🇬🇧
素敵な休暇を。

🖐️lovely も holiday もイギリス英語。アメリカ英語では nice vacation です。

safe trip
安全な旅行を。

🖐️ちなみに、trip は「短めの旅行」、travel は「一般的な旅行」、journey は「長い旅」という意味になります。

23

メールやSNSで使える締めのフレーズ

日本語で使う「敬具」のような締めの表現をピックアップ。

> **私が実際に親しい友人に使っているフレーズ**
>
> **Lots of love to you,**
> あなたにたくさんの愛を
>
> **Kayo xoxoxo**
> カヨ
>
> 🦪 "x" が kiss、"o" が hug の
> 意味です。

カジュアル

家族や恋人同士など親密度が高い間柄で
All my love,
心から愛を込めて

Hugs の前に Lots of や Big を付けたりも！
Hugs and kisses,
ハグとキスを

次に会う予定がある相手に！
I can't wait to see you,
待ちきれないよ！

私のメールでのお決まりフレーズ。メール相手の彼氏・彼女や家族の名を入れて！
Please give my regards to ～,
～によろしくね／～によろしくお伝えください

LINEやチャットアプリなどでは、最後の","（カンマ）を"."（ピリオド）に換えて使います。

フォーマル

ここのフレーズは全て「敬具」の意味で使われます。

少し距離が近いビジネスの相手に！ 友人同士でも OK
Best wishes,

ビジネスからカジュアルな間柄まで幅広く！
Regards,

相手の名前はわかっていても面識がないとき
Yours sincerely,

相手に心遣いや敬意を示す定番フレーズ
Kind regards,

🦪 ほかにも "Warm regards," や "Best regards," が
あります。

ビジネス

I look forward to your reply,
お返事お待ちしています

🐚 "I look forward to hearing from you." も同じ意味でよく使われます。

I wish you all the best,
幸運をお祈りします

🐚 ビジネスでも少し距離が近い相手に使えます！

I look forward to seeing you,
お会いできるのを楽しみにしています

🐚 次に会う約束がある相手に使う言い回し。"I'm looking" にするとカジュアルな言い回しに！

24 時間の言いかた

　英語で「午後／afternoon」を表現するとき、それが何時から何時までのことを言うか知っていますか？　また「早朝」や「真夜中」って、正確にはいつからいつまで???　ここでは1日の時間の言いかたを図解で説明！　知っていると誰かに話したくなる豆知識です♪

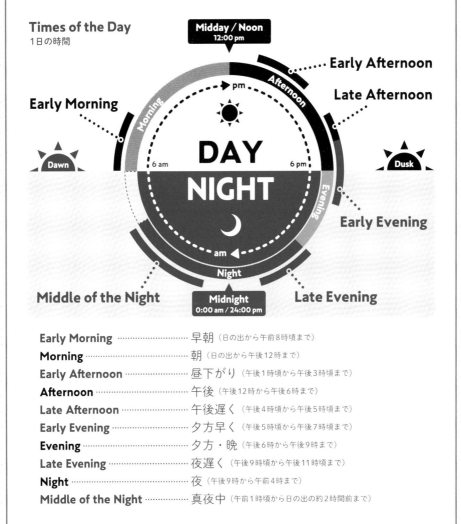

Early Morning ⋯⋯⋯⋯⋯⋯⋯⋯ 早朝（日の出から午前8時頃まで）
Morning ⋯⋯⋯⋯⋯⋯⋯⋯⋯⋯ 朝（日の出から午後12時まで）
Early Afternoon ⋯⋯⋯⋯⋯⋯ 昼下がり（午後1時頃から午後3時頃まで）
Afternoon ⋯⋯⋯⋯⋯⋯⋯⋯⋯ 午後（午後12時から午後6時まで）
Late Afternoon ⋯⋯⋯⋯⋯⋯⋯ 午後遅く（午後4時頃から午後5時頃まで）
Early Evening ⋯⋯⋯⋯⋯⋯⋯⋯ 夕方早く（午後5時頃から午後7時頃まで）
Evening ⋯⋯⋯⋯⋯⋯⋯⋯⋯⋯ 夕方・晩（午後6時頃から午後9時まで）
Late Evening ⋯⋯⋯⋯⋯⋯⋯⋯ 夜遅く（午後9時頃から午後11時頃まで）
Night ⋯⋯⋯⋯⋯⋯⋯⋯⋯⋯⋯⋯ 夜（午後9時から午前4時まで）
Middle of the Night ⋯⋯⋯⋯ 真夜中（午前1時頃から日の出の約2時間前まで）

いってきます

I'm going. のパラフレーズ

いってきます

> ## I'm leaving.
> いってくるよ。（出発する）

英語ではあまり言わない
「いってきます」。
言いたいときはこんな感じに！

> ## I'm off.
> いってきます。

🎵 "I'm off" は今までいた場所から
どこかへ去るときに使います。
ex) Right, I'm off now!
じゃあ、いってきます！

> ## I'm going.
> いってくるよ。

> ## I'm going out.
> 出かけます。

🎵 going out で「外に出る」です。
ex) I'm going out now!
これから出かけるね！

> ## Going now.
> もういくわ。

🎵 "I'm going now." 「もういきます」
の略。

> ## I'm just popping out.
> ちょっと出かけてくるね。

🎵 すぐ戻る予定で出かけると
きに使います。pop out の後
に to the butcher（肉屋に）
と行先を付けたり、for a few
hours（数時間）と付けたり
も！

> ## See you later.
> また後でね。

🎵 出かけるときに「いってきます」の
ような意味で使います。
"See you later, Mum!" と最後に相
手の呼び名を付けます。

＋αの表現

いってらっしゃい

See you later. のパラフレーズ

「いってらっしゃい」も
英語ではあまり言いませんが、
こんな感じに声がけします！

いってらっしゃい

Have a good day.
いってらっしゃい。（よい1日を）

=

Have a good one.
いってらっしゃい。

∽ 上と同じ意味。day を one に
すると、いつでも使えます。

Be good.
いってらっしゃい。

∽「いい子でいてね」と親が
子どもを送り出す言葉で
すが、大人同士でも親し
い間柄で使います。

Enjoy your day.
いってらっしゃい。（よい1日を）

Stay out of trouble.
気を付けていってらっしゃい。

∽ 初めての場所や慣れない所へ
出かける相手に使います。
Stay を Keep に換えても OK！

Take care.
気を付けて。

∽ しばらく会えない相手に向けて。

Have fun.
楽しんできてね。

∽ パーティーなど楽しい
ことに出かける相手に。

特別なシチュエーション

ただいま

I'm back. のパラフレーズ

「ただいま」は
英語にはありません。
こんな感じで！

ただいま

I'm home.
ただいま。（家に着いたよ）

I'm back.
ただいま。（戻ったよ）

ネイティブは "I'm back, Mom!"「ただいま、母さん！」とふだん使っている家族の呼び名を末尾に付けます。

I'm back, how was your day?
ただいま、今日はどうだった？

「ただいま」に続けて、一日の様子をうかがったりします。

ネイティブ表現

Hi.
ただいま。

家族間だったら、通常はこちら！

Hello.
ただいま。

家にお客様が来ていたら、丁寧なこちらを！

Hey Jack!
ただいま、ジャック！

兄弟間とかなら、こうやって名前を付けてラフに。

Hi, I'm home.
ただいま、帰ったよ。

おかえりなさい

How was your day? のパラフレーズ

> **Hi.**
> おかえり。

「おかえりなさい」も
英語にはありません。
こんな感じで！

> **How was your day?**
> 1日どうだった？

> **How was your work?**
> 仕事はどうだった？

> **How was your school?**
> 学校はどうだった？

特別なシチュエーション

> **Welcome home.**
> おかえりなさい。（よく家に着いたね）

一見、これらのフレーズが「おかえりなさい」
に思えますが、この2つは家を長く不在にし
ていた人に対して使う言葉。日々の生活では
使いません。

> **Welcome back.**
> おかえりなさい。（よく戻ったね）

外国人の友人が日本に戻ってきたと
きなどに、"Welcome back to Japan!"
と言って迎え入れます。

29

おはよう

Good morning. のパラフレーズ

カジュアル

Morning mum!
母さん、おはよう!

"Good morning." は、
"I wish you a good morning."
の略です。

Morning all!
みんなー、おはよう!

🐦 学校の友人たちや複数の
相手に対してはコレ!
all のところを everyone
に換えても言えます。

Good morning. Did you sleep well?
おはよう。よく眠れた?

🐦 こちら、朝の決まり文句。私もイギリス滞在中の朝のあいさつはコレでした!

Good morning to you!
おっはよー♪(とっても気分がいいの)

🐦 気分がすごくよかったり、
調子にのっているときに
使います。フォーマルの
場では NG!

Good day to you!
よい1日になりますように!

🐦 とても丁寧な言いかたで、ホテル
のドアキーパーがお客様に対して
使ったりします。

フォーマル

Good morning, Mr. Lewis.
ルイスさん、おはようございます。

🐦 ビジネスやフォーマルな場では相手の名に必ず
Mr./Ms. を付けて!

Good morning, Ladies and Gentlemen.
紳士淑女の皆さん、おはようございます。

🐦 ビジネスでのプレゼンやスピーチの前に。

人を起こすときのフレーズ

Wakey wakey, eggs and bakey!

● **Good morning! Time to wake up!**
おはよう！ 起きる時間だよ！

● **Time to get up my friend!**
起きる時間だよ！

● **Wakey wakey!**
起きろー！

🐑「起きろー！」のユーモラスな言いかた。子どもにも使えます！

➡ 起こすときの掛け声！
bakey は「ベーコン」を意味し、「起きなさい、起きなさい、卵とベーコンの朝食の時間よ！」ってことですが、深く意味を考える必要はないようです。朝の目覚めを楽しませるキュートなフレーズです♪

子どもを起こすときのいろいろなフレーズ

● **Wake up, sleepyhead!** 🐑「お寝坊さん」は sleepyhead と言います！
起きなさい、お寝坊さん！

● **Rise and shine!** 🐑 子どもが親から散々言われてきたフレーズ。直訳の「昇って輝け」から、日本語の「もうお日様が上がってるよ、早く起きなさ～い！」って感じです。
さあ、早く起きなさい！

● **Come on kids! Up and at'em!** 🇺🇸 🐑 "Up and at'em" は up and at them の略。up は「立ち上がって」、at them は「それら（仕事）に取りかかれ」という、アメリカのスラング。
やることがたくさんあるから、早く起きなさい！

● **Good morning, Sleeping beauty! I thought you'd never wake up!** 🐑 なかなか起きてこない娘に対しての皮肉った言いかたが笑えます！
おはよう、眠れる森のお姫様！ 起きてこないかと思ったわ！（目を覚まさないかと思った）

「早起き」を例える "early bird"

私がイギリスに滞在していたときのことです。イギリスと日本との時差の違いで、日本の会社とやり取りするときは、いつも早起きをしていました。そのとき、当時の同居人から「Kayo は Early bird だね！」って言われ、調べてみると Early bird は「早起きな人・朝型人間」という意味でした。そこでもう少し調べてみたら、"The early bird catches the worm."（早起きは三文の徳）や "The early birds get the best buys."（先に着いた人が一番得な買い物をする）が出てきました。いずれにせよ、「早起きな人は得をする！」と、よい意味で、日本と一緒だなぁって。ちなみに、「夜更かし・夜型人間」は Night owl（フクロウ）と言います。

寝るね

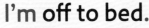

I'm going to sleep. のパラフレーズ

カジュアル

It's bedtime!
寝るね！（寝る時間です）

I'm off to bed.
寝ます。（ベッドにいきます）

"I'm off to〜." は
「〜へ行く」と
いう意味。

フォーマル

I'm going to sleep.
寝ます。（眠りにつきます）

こちらが定番！
私も使っていました。

I can hardly keep my eyes open.
寝ます。（眠くて目を開けていられない／まぶたが重い）

I think I'll say good night now.
寝ますね。（おやすみを言おうと思います）

スラング

I'm going to crash.
もう寝るわ。

crash は「衝突する」のほかに
「寝る」という意味があります。
これは、突然眠くなったときに
使います。

I'm going to hit the hay.
寝るわ。

hit the hay で「わらに向かう」。
昔は干し草（hay）の上で寝ていたところからきています。

おやすみ

Good night. のパラフレーズ

カジュアル

Sleep well.
おやすみ。(よく眠ってね)

"Good night." は、
"Have a good night." の略
です。

Sweet dreams!
おやすみ。(いい夢見てね)

フォーマル

Have a good sleep.
おやすみなさい。(ゆっくり眠ってください)

See you in the morning!
おやすみなさい。(ではまた明日の朝ね!)

夫婦・恋人同士

Dream of me.
おやすみ。(私の夢を見てね)

of は about でも OK!

I'll be right here when you wake up.
おやすみ。(君が目覚めたとき、僕はここにいるよ)

親が子どもに、祖父母が孫に言う、就寝前の決まり文句！

Good night sleep tight, don't let the bed bugs bite...

直訳で「トコジラミに噛まれないように、しっかり眠りなさい」という意味。慣用的に「おやすみ、ぐっすり眠りなさい」という"言葉遊び"で、就寝時の子どもに向かって言います。ここまで長くなくとも "Good night, sleep tight." とか "Sleep tight." と就寝前の子どもに声がけします。ちなみに、私も留学時にこれを言われていました！（アラフォーでしたがw）

召し上がれ

Let's eat! のパラフレーズ

カジュアル

Well, let's eat!
さぁ、いただきましょう。

🕊 食べる直前によく言うフレーズ。
"Let's eat!"「さぁ、食べましょう！」
だけでも OK。

Dig in!
召し上がれ！

🕊 dig in は「掘る」以外に、食事のシーンだと
「食べる」の意味も！（口語限定）
例えばこんな感じで使います。
ex) **The food is ready. Dig in!**
　　 ご飯ができましたよ。召し上がれ！

Enjoy your meal.
召し上がれ。（楽しんで食べてね）

🕊「食事を楽しんでね！」という
思いも込めて。"Enjoy!" だけで
も OK！

追加フレーズ

Let's dig in before they get cold!
冷めないうちにいただきましょう！

I hope you'll like the meals.
お口に合うといいんだけど。

🕊 とっても日本人っぽいフレーズ！

This is hot. Be careful!
これ熱いから、注意してね！

🕊 hot を sour（酸っぱい）、
spicy（辛い）に応用可！

いただきます

Thank you for cooking. のパラフレーズ

「いただきます」の英語は
ないので、代わりに作って
くれた人へ感謝の言葉を！

感謝を伝える

Thank you for cooking.
食事を作ってくれてありがとう。

Thank you for preparing the meal.
食事を用意してくれてありがとう。

においをほめる

This smell is giving me an appetite.
食欲をそそられるにおいだね〜。

Wow, the smell is gorgeous!
うわー、超いいにおい〜。

見た目をほめる

It looks delicious!
おいしそう〜！

This dish looks marvelous!!!
この料理、すごいね!!!

ちょっと大げさだけど、食卓が盛り上がります♪

「イタダキマス」を世界共通語に！

「いただきます」は、料理を作ってくれた人への感謝も含まれた日本特有の素敵なあいさつ。私がイギリスに滞在していたとき、これを地元の人々に説明したら、大いに共感してくれて、それからは皆で「イタダキマス」を言うようになりました。日本語の「モッタイナイ」や「カワイイ」同様、「イタダキマス」が世界の共通語になることを望みます♪

ごちそうさま

Thanks for the meal. のパラフレーズ

> 「ごちそうさま」の英語もありません。作った人へお礼を言おう！

感謝を伝える

Thanks for the meal.
食事をありがとう。

I enjoyed all the dishes, thanks.
全ての料理を堪能しました。ありがとう。

I'm done. I really enjoyed it.
食べ終わりました。たいへんおいしくいただきました。

👄 "I'm done." は "I'm done eating." の略。「食べ終わった」と「満腹でもう食べられない」の2つの意味があります。

料理の感想を伝える

That was so delicious!
とってもおいしかったです！

That was great.
おいしかったです。

🐍 おいしかったことがストレートに伝わります。great を excellent や wonderful に換えても！
（＊おいしい表現は p.100 参照）

The pasta was amazing!
パスタが本当においしかった！

👄 具体的な料理についてのコメントも喜ばれます。

おなかがいっぱいなことを伝えても OK！

「お料理がおいしすぎて、ついつい食べすぎちゃった」とか、「おなかいっぱいで、もう食べられない！」などと言うのも、料理を作ってくれた人への感謝の言葉につながります。例えば、こんなフレーズもよく使います！

I'm stuffed. I can't eat anymore.（おなかいっぱいです。もう食べられません）

（＊満腹表現は p.105 参照）

「ごちそうさま」への返事

日本だと「お粗末さまでした」になりますが、これにあたるピッタリした英語はないので、こんな返しがよいかと!

● **Did you enjoy?**
  おいしかった？（食事を）楽しめた？

● **I hope you liked it!**
  （食事を）堪能してもらえたら幸いです！

● **I'm glad that you enjoyed it.**
  楽しんでいただけて嬉しいです。

● **My pleasure.**
  どういたしまして。

Good!

シンプルに **"Good!"** だけでも OK!
「よかったわ！」って感じで。

食べ終わって先に席を外したいときは？

ほかの人たちが食べ終わらないうちに、自分だけ
席を外したいときの声がけ。

● **Can I leave the table?**
  テーブルを離れてもいいですか？

● **May I be excused?** フォーマル
  失礼してもいいですか？

日本では、ほかの人が食べ終わる前に自分だけテーブルを離れるのは失礼なことと教わります。でも海外では食べ終わったら平気で席を離れる人がいるんです。そんなときはこう言います。もしランチ中に急に仕事が入って離席するときなど、これらのフレーズが役立ちます。

「いただきます」と「ごちそうさま」を英語で説明してみよう！

We (Japanese) say, "ITADAKI-MASU" before a meal and "GOCHISOU-SAMA" after a meal. These phrases show your appreciation towards the food and the people who have prepared the food. They also indicate the beginning and the ending of a meal. These are one of the polite greeting of Japan.

私たちは食事の前に「いただきます」、食事の後に「ごちそうさま」と言います。これらのフレーズは、食べ物（食材）と料理を作った人に対する感謝の気持ちを示しています。また食事の開始と終了を示します。これらは日本の礼儀正しいあいさつのひとつです。

" メールの書き出し "

　イギリスの友人とメールのやり取りをしていると、時々、ネイティブが使う粋なフレーズがあったりして、その度、「ほほーっ、こんな言いかたもあるのね♪」と嬉しくなってしまいます。そして、「今度何かの機会に使ってみよう！」とメモってしまうのです。

　ところで、今では悩まずにできるメールのやり取りですが、昔は書き出しにとても苦労しました。ここではネイティブの友人から学び、私も使っているフレーズをご紹介します。

こちらからメールするとき

通常こんな感じに書きますよね。

> you を you and your family とか、well を fine とか in good health などに応用可。

● **How are you doing?** （お元気ですか？）

● **I hope you are well.** （お元気にしていることを願います）

でも、こんな感じに書いてはいかがでしょうか？　こちらは私と友人との実際のやり取り。

● **I just wanted to drop you a little line to say, I'm thinking of you!**

（あなたがどうしているかなって思って、ちょっと連絡してみました！）

　これは仲のよい女友達からもらったメールの書き出しです。気軽なんだけど温かみを感じ、幸せな気分になります。"I'm thinking of you!" もグッときますよね！　ちなみに **drop someone a line** は「便りをする・連絡する」という意味。（"Drop me a line!" で「連絡してね！」になります。）

　例えば、**just** を **really** に換えて「本当に連絡したかったの」とか、**a little line to say** 〜を **a little line to say a big hello** にして「元気？　連絡したくなって！」などアレンジもできます。日本語に訳すとちょっと醒めるんですが、とにかく英語特有のこういう粋なニュアンスがいいですよね！

また、相手との関係がもっとカジュアルなら、

● **Just a little line to say hello!** （元気にしてる？）

と、いきなりはじめても OK。かなりラフだけど、最初に紹介した "How are you doing?" より親しみがあって、グッとくるでしょ！

相手からメールをもらって、それに返信するとき

相手からのメールの内容にもよりますが、こんなバリエーションがあります。

素直にメールのお礼からはじめるとき ▶▶

● **Thank you so much for your reply. All is going well here.** （返信をありがとう。こっちは全てが順調です）

● **Thank you for your lovely email, I am so glad to hear that...** （素敵なメールをありがとう。〜を聞いてとても嬉しいです）

素敵な連絡を受けたり、メールの内容が嬉しかったとき ▶▶

● **How nice to hear from you. Yes, I'm fine and...**
（あなたからの連絡、嬉しいわ。はい、私は元気よ）

● **So pleased to hear that you...**
（あなたが〜だと聞いてとても嬉しいです）

● **What great surprise to receive your good news about...**
（〜のよい知らせを受けるなんて、なんて素敵なサプライズでしょう）

手紙やカード、プレゼントなどを受け取ったとき ▶▶

● **First of all, thank you very much for your hearty present...** （まずは、心のこもったプレゼントをありがとうございます）

39

Chapter 2

気持ちを伝えよう！

あなたが好き

I like you. のパラフレーズ

好き

I fancy you. 🇬🇧 ·· ◎ **I like you.**
あなたが好き。（イギリス人が好んで使う「好き」表現）

> 🇬🇧 イギリス人はタイプな人の ことを「紅茶」で表現します。
> **He's my cup of tea!**
> （彼って私好み！）

I'm fond of you.
あなたが**大好き**。（love に近い状態）

·· ◎ **I love you.**

I have a soft spot for you.
あなたが**大好き**。（相手に何でもしてあげたいと思うほど）

I adore you.
あなたが**大好き**です。（相手のことが頭から離れないほど熱愛）

I'm crazy for you.
あなたに**首ったけ**。（相手が欲しくて気が狂いそう）

> ここでは「好き」という表現を使っていますが、"I love you." から下にある表現は「愛している」の意味が強く、告白の言葉としても使われます。

I'm mad about you.
あなたの**とりこ**。（相手に関することに全て夢中）

夢中で首ったけ

I'm head over heels for you.
あなたに**ゾッコン**。（直訳で「真っ逆さま」。恋に落ちている状態）

あなたが嫌い

I don't like you. のパラフレーズ

嫌い

I lost interest in you.
あなたが好きではなくなった。（興味がなくなる）

I'm sick of you.　　　　　　　　　　○ **I don't like you.**
あなたにはうんざりです。（何も期待をしない）

I detest you.
あなたが大嫌いです。（相手のモラルまで疑っている状態）

I despise you.
あなたを軽蔑します。（尊敬の気持ちがない状態）

> 末尾に **very much** を付けると
> 更に強調できます！

I hate you very much.
あなたがすごく嫌いです。（怒りや憎しみを覚えるほど毛嫌いする）

I can't bear you.
あなたが嫌いでたまらない。（嫌いすぎて我慢の限界！）

I can't stand you.
あなたが嫌いで耐えられない。（嫌いすぎて怒りが湧いてくる）

怒りが湧いてくるほど嫌い

43

モノが好き

I like it. のパラフレーズ

好き

I'm big on cooking.  ◉ I like it.
料理が好きです。（物事に対して興味がある）

He has a soft spot for Japanese cars.
彼は日本車に目がないんです。（ネイティブがよく使う表現）

◉ I love it.

I'm a big fan of his writing.
私は彼の著作の大ファンです。（野球やサッカーのファンと同じ）

She's into knitting.
彼女は編み物にはまっています。（夢中になっている）

My English friend is keen on Tofu. 🇬🇧
私のイギリス人の友達は豆腐に夢中です。（イギリス人が好んで使う「好き」表現）

My Dad is addicted to golf.
父はゴルフに夢中です。（中毒になるくらい好き）

異常なほど好き

I'm crazy about the new donuts.
新作のドーナツにはまっています。（気が狂いそうなほど好き）

モノが嫌い

I dislike it. のパラフレーズ

嫌い

He's not big on singing.
彼は歌うのはあまり好きじゃないんです。（物事に対してあまり興味がない）

 **I dislike it.**

I'm not interested in reading.
読書は好きじゃないの。（興味がない）

I'm not good at narrow spaces.
狭い所が苦手です。（「苦手」＝嫌いなものを表現）

She hates bungee jump.
彼女はバンジージャンプをひどく嫌っています。（拒絶するほど嫌う表現）

大嫌い

I have a phobia about moths!
蛾が大っ嫌いです！（恐怖を感じて毛嫌いするほど）

「まぁまぁ」「それほどでも」表現

「好き」でも「嫌い」でもない、どっちつかずの場合はこれらの表現。

好き

It's ok. ◀「まぁまぁ（割と好ましい）」というニュアンス。好きではないけど、たしなむ程度で好きという場合に使います。

It's not bad. ◀「悪くはない」というマイナスな表現を否定することによって、まぁまぁというニュアンスを表現。so so よりポジティブ。

It's so so. ◀「so so ＝まぁまぁ」と覚えがちだけど、実は「どちらかというと嫌い（よくない）」という、若干ネガティブな意味で使います。

嫌い

選ぶときの「好き／嫌い」表現

何かを選択するときの微妙な言い回しをチェック！

好き

I think this is better.
これがいいと思う。

I think this will be good.
これがいいんじゃないかな。

Choosing from these, I like this one.
この中だったら、これが好き。

If I had to choose, I'd say I like this one.
しいていえば、これがいいかな。

If I had to choose, this one is slightly better.
しいていえば、これが少しマシかな。

I can't get myself to like it.
好きになれないな。

嫌い

"pick・choose・select" の違い

「～を選ぶ」と言いたいときは、この 3 つの単語が思い浮かびます。それぞれの違いを見てみよう！

カジュアル

pick

カジュアルな表現 気楽な選択や、さほど重要ではない選択。
ex) **You can pick one card from here!**
ここから 1 枚のカードを選んで！

choose

様々な場面で使うことができる表現 自分の判断や好みに基づいて選ぶ。
ex) **I choose the pasta from the lunch menu today.**
今日はランチメニューからパスタを選んだの。

select

フォーマルな(やや改まった)表現 注意深く、慎重に選択する。
ex) **I selected a red dress for my birthday party.**
自分の誕生日会に赤いドレスを選びました。

フォーマル

「好き／嫌い」のポジショニング

位置関係を
チェック！

「好き／嫌い」のボキャブラリーの幅を広げよう！

人に対して　　　　どちらにも使える　　　　モノに対して

好き

be head over heels for
be mad about
be crazy for
夢中で首ったけ（誰かに夢中な状態）

be crazy about
be addicted to
夢中・中毒

love
超好き

dote on
溺愛している

be keen on 🇬🇧
大好き・夢中

adore
夢中

be into
大好き・はまっている

be a big fan of
大好き・大ファン

my cup of tea 🇬🇧
私の好み

have a soft spot for
大好き・目がない

fancy 🇬🇧
好き

like
好き

be fond of
好き

be big on
好き・興味がある

be interested in
好き・興味がある

care about
気にしている

care for
気にしている

prefer
より好む

be better
よりいい

be preferable
より好き・好ましい

ok
まぁまぁ

not bad
まぁまぁ・悪くない

SO SO
まぁまぁ

lost interest in
興味が失われた

be not big on
興味があまりない

be sick of
嫌い

dislike
嫌い

be not interested in
興味がない

detest
despise
大嫌い

be not good at
苦手

hate
超嫌い

can not bear
嫌いで怒りが湧く

can not stand
嫌いで耐えられない

have a phobia about
恐怖を感じるほど嫌い

嫌い

副詞を使った強調表現・1

位置関係を
チェック！

ほとんどの文では very や so などの副詞を入れることによって強調した文が作れます。
この表は、それぞれの副詞の強調レベルをまとめたもの。
"How was the concert?"「コンサートはどうだった？」への返事を例に見てみましょう！

強い

100%

so カジュアル
すっごく／超

It was **so** good!
すっごくよかったよ！

extremely
非常に／極めて

It was **extremely** good!
すごくよかったよ！

🐑 ほかにも absolutely（まったく）や
especially（特に）などの強意語を使
うことも。

really カジュアル
ホントに

70%

very
とても

It was **very** good!
とてもよかったよ！

pretty カジュアル / **quite** 🇺🇸
そこそこ／かなり

50%

基本文 It was good!
よかったよ！

rather
意外と／いくぶん

quite 🇬🇧
わりと

fairly カジュアル
まぁまぁ

It was **fairly** good!
まぁまぁよかったよ！

a bit / somewhat カジュアル 🇺🇸
わずかに／やや

a little
少し

It was **a little** good!
何となくよかったよ！

not very
あまり～ない

It was **not very** good!
あまりよくなかったよ！

5% **little**
ほとんど～ない

弱い

副詞を使った強調表現・2

もっと詳しく！

何にでも使える so と really

very は副詞・形容詞・名詞の前で「とても」と強調したいときに使います。でも great や wonderful、awful、huge といった、もとから強調を含んでいる単語には使えません。very great なんてヘンな響きですものね！

┊　そんなときには so か really を使えば OK！

so と really は、very を使えない強調された単語（強意語）でも使えます。

ex) **Her cat is so huge.**（彼女のネコはすっごく巨大なの）

ex) **I had a really great time with you.**（あなたと本当に素晴らしい時間を過ごしました）

感情や思いを込めたいときに使える so と really

so と really を使えば自分の感情や思いを込められるので豊かな表現ができます。親しい間柄では very よりも断然こちらの表現のほうが多く使われます。ちなみに、口語で使用頻度が高いのは so・really・pretty。逆にフォーマルな文面やビジネスでは NG！　フォーマルに伝えたいときは very をおすすめします。

ex) **Thank you so much!**（すっごくありがとっ！）◀ 感情を込めたいとき／カジュアル

ex) **Thank you very much.**（ありがとうございます）◀ 感謝や謝罪などフォーマルな場で

アメリカ英語とイギリス英語では意味合いが変わる quite

アメリカ英語では very や pretty に近い「とても」という意味で使われますが、イギリス英語になると「わりと・まぁまぁ」という意味になります。

ex) **The concert was quite good!**

🇺🇸 そのコンサートはかなりよかった！
（たいへん満足）

🇬🇧 そのコンサートはわりとよかった！
（意外に満足）

ネガティブを表現するときの強意語

強意語といえばポジティブなイメージを思い浮かべがちですが、ネガティブ表現もあります。

ex) **His room is ridiculously smelly.**（彼の部屋はとてつもなく臭い）

ex) **I am terribly sorry.**（本当に申し訳ありません）

賛成

I agree with 〜 . のパラフレーズ

まあ賛成

I partly agree.
部分的には賛成ですかね。

「agree with」の使いかたは…
● 人に賛成の場合
"I agree with him!"
「彼に賛成！」
● 物事に賛成の場合
"I agree with the plan!"
「その計画に賛成！」

I feel the same way. カジュアル
私も同じ考えです。

I'm with you. カジュアル
君に同感だよ。（直訳：「私はあなたと一緒です。」→「同感」に！）

I agree with 〜 .

I'm for it. カジュアル
賛成です。

ちなみに、
"I'm all for it." で「大賛成です」
になります。

You can say that again! カジュアル
まったくその通り！ 仰る通り！

フォーマルな場では "Absolutely." 「も
ちろんだよ」を使いましょう。どちらも
100％賛成の意味です。

Exactly!
その通り！

大賛成

I totally agree with your opinion.
君の意見に全面的に賛成します。

totally を completely（完全に）に
換えたりします。

反対

I disagree with ～ . のパラフレーズ

ちょい反対

I don't think so... カジュアル

いやぁ…そうは思わないけどなぁ。

ここで「賛成 / 反対」の超スラング
をご紹介！
● **Heck yeah!**（100％賛成）
あったりめぇだろ！
● **Heck no!**（100％反対）
んなわけねぇだろ！
どちらも威勢がいいです（笑）

I'm **not sure** about that.

それはどうかなぁ。

I'm **against** it.

反対です。

I disagree with ～.

My opinion is **the opposite** of his one.

私の意見は、彼の意見とは反対です。

I can't go along with your idea. カジュアル

君の考えには賛成できない。

There is no way I can accept his opinion.

彼の意見はまったくもって受け入れられません。（受け入れる余地なし）

大反対

There is **no room for argument** more!

これ以上、議論の余地なし！（議論の余地なく 却下）

51

～したい

I want ～ . のパラフレーズ

願望

I feel like drinking water.
水を飲みたい（気分）です。

I would like to drink water. ⋯⋯◉ I want ～.
水を飲みたいのですが。（want の丁寧表現）

I would love to drink water.
水をとても飲みたいのですが。（I would like をもっと強調した表現）

I can't wait to drink water.
水を飲みたくて待てません。

I can hardly wait to drink water.
水をとても飲みたくてたまらない。（上の can not よりも can hardly のほうが更に強い！）

I'm craving water. ◀⋯⋯⋯ ＊ hava a craving for でも OK！
私は水を欲しくて仕方がない。

より強い願望

I'm dying to drink water.
水が飲みたくて死んでしまいそう。

～したくない

I don't want ～ . のパラフレーズ

拒絶

I don't feel like going out.
外出したくない（気分）です。（**want** より少しやわらかい表現）

I wouldn't like to go out. ◐ I don't want ～.
外出したくないです。（**want** の丁寧表現）

より強い拒絶

I would never go out.
私は**死んでも**外出したくない。（「死んでも～したくない！」という強い表現）

> ＊通常は **I'd** で略して **OK**！

様々なシーンで使える "want to～"

「～したい」でおなじみの **want to～**。ほかにもこんな意味で使われています。

お誘い　**want to ～** ＝「～しない？／～しようよ」
ex) Do you **want to go out?**（出かけない？）

提案　**want to ～** ＝「私が～しようか？」
ex) Do you **want me to help you?**（手伝おうか？）

アドバイス　**want to ～** ＝ **should**「～すべきだよ」
ex) You **want to stay home.**（家にいるべきだよ）

＊ may want to ～ で控えめなニュアンスに（**p.62** 参照）

〜してくれる？

Can you 〜 ? のパラフレーズ

カジュアル

Can you pass me the salt?

塩、取ってくれない？（食卓での日常会話）

Would you take a picture of me?

私の写真を撮っていただけますか？（初対面の人へのお願い ＊ Could you 〜 ? でも OK！）

動名詞

Would you mind opening the window?

窓を開けていただけないでしょうか？（クライアント先だったりフォーマルな場で）

⋮ 更に丁寧

現在形 or 過去形

Would you mind if I opened the window?

窓を開けてもよろしいでしょうか？

間接的な言いかたで丁寧度が更にアップ

I wonder if you could do me a favor.

お願いを聞いていただけないかと思いまして。（上司への頼み事のときなど）

フォーマル

"Would you mind〜?" を使えるようになろう！

"Can you〜?" や "Would you〜?" なら使えるけど、そこに mind が入るだけでちょっと抵抗を感じてしまうのは私だけでしょうか？　この mind は「気に障る」という意味。直訳すると「○○をお願いしたら、気に障りますか？」ですが、ニュアンスとしては「〜していただけませんか？」になります。mind の後には「動名詞」が続きます。

mind の後に if を付ける表現もあります。更に難しく感じますが、if の後は「肯定文」と覚えておけば OK。ここの動詞は「現在形」でもかまいませんが、文頭の Would に合わせて「過去形」にすると、もっと丁寧になります。

～してもいい？

Can I ～？のパラフレーズ

カジュアル

Can I use the restroom?
トイレ、使っていい？（仲のよい友人宅での会話）

Could I have a glass of red wine?
赤ワインをいただけますか？（レストランでウェイターに注文するときなど）

フォーマル

May I have a holiday next month?
来月、休暇を取ってもよろしいでしょうか？（上司への頼み事のときなど）

"Can you～?" と "Can I～?" 早見表

	相手に何かをしてもらうとき のお願い〔依頼〕	自分が何かをしたいときの お願い〔許可〕
カジュアル	**Can you ～ ?** （あなたが）～してくれる？	**Can I ～ ?** （私が）～してもいい？
丁寧	**Could you ～ ?** **Would you ～ ?** ～していただけますか？	**Could I ～ ?** **May I ～ ?** ～してもよろしいですか？

Could you ～? ……… 物理的・能力的にできるかどうか
Would you ～? ……… 快く、それをしてくれるかどうか

May I～?のほうが丁寧！
私もこっちを使っています。

＊ビジネスの場で何かお願いするときは、下のフレーズを最初に付けるといいですよ！

Would / Could you do me a favor?（お願いごとがあるのですが）
May I ask you a favor?（ちょっとお願いさせていただいてもよろしいでしょうか？）

お願いされたときの返事

これも覚えよう！

それぞれのシチュエーションによって、これらの返事を使い分けましょう！

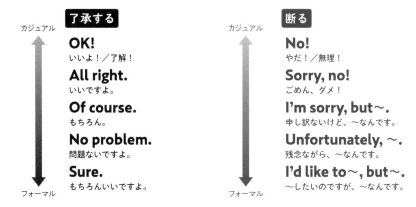

カジュアル

了承する

OK!
いいよ！／了解！

All right.
いいですよ。

Of course.
もちろん。

No problem.
問題ないですよ。

Sure.
もちろんいいですよ。

フォーマル

カジュアル

断る

No!
やだ！／無理！

Sorry, no!
ごめん、ダメ！

I'm sorry, but～.
申し訳ないけど、～なんです。

Unfortunately, ～.
残念ながら、～なんです。

I'd like to～, but～.
～したいのですが、～なんです。

フォーマル

"Would you mind ～ ?" と聞かれたら？

Would you mind opening the window?
窓を開けていただけないでしょうか？

単純に日本語で考えると「～していただけないでしょうか？」に対して、
「よければ」→ Yes、「嫌なら」→ No です。
でもこの質問の場合には答えかたが逆になるので、しっかり理解しましょう！

❗ mind の意味は「気にする・嫌がる・気に障る」です。
"Would you mind～?"は直訳で「～するのを気にしますか？」。
こう考えると、答えかたも混乱しなくなります。

私もかつては何度も
間違えました…

上の例文だと

「窓を開けることを気にしますか？」

開けないでほしい

はい、気にします。
Yes, I would mind.

開けていい

いいえ、気にしません。
No, I wouldn't mind.

こんな答えかたでも **OK**！
● **I'm afraid yes.**（すみませんがちょっと嫌です）
● **Yes, I'm cold.**（はい、寒いので）

「もちろんいいよ！」と言いたい場合は、
● **No problem!**
● **No, not at all.**
ただ、とっさに聞かれると混乱してしまう人は、"Sure!"
で **OK**！
"Can you ～ ?" や "Do you mind ～ ?" で聞かれた場合
も、"Sure." なら「いいですよ」と返すことができます。

Column

プロポーズのロマンティックフレーズ

「〜してくれる？」の流れで、ここでは「プロポーズ」のフレーズをご紹介！　一番スタンダードな言葉としては、"Will you marry me?"「僕（私）と結婚してくれませんか」ですよね。またシンプルに、"Please marry me."「結婚してください」や、"Let's get married!"「結婚しよう！」くらいなら、英語が苦手な人でもなんとなく理解できます。しか〜し、ネイティブはこんなストレートな言いかたはしません！（プロポーズを試みている）男性たちは、とってもロマンティスト。和訳したら恥ずかしくなっちゃうようなフレーズでガンガン攻めてきます。この世の中には数えきれないほどのプロポーズの言葉がありますが、その中でも私がグッときたいくつかをピックアップしてみました。（PS. 実際に私が言われたわけではありませんが。。。苦笑）

- **I will love and protect you forever.**
  一生涯君を愛し、君を守ります。

- **I love you from the bottom of my heart.**
  心の底から愛しています。

- **I want to grow old with you.**
  一緒に年を取っていこう。

- **Will you spend the rest of your life with me?**
  残りの人生を僕と生きてくれませんか？

- **I was born to love you.**
  君を愛するために生まれてきたんだ。

- **You are my first love and will be my last.**
  あなたは、私の最初で最後の愛する人です。

- **Without you, life has no meaning!**
  君がいないなんて、そんな人生意味ないよ！

おそらく〜だろう

He may be 〜 . のパラフレーズ

推測表現。
助動詞ごとの
確信度をチェック！

会社にいる

95% ## He must be in his office.
彼は会社にいるに違いない。

過去形は助動詞の後に「**have + 過去分詞**」。
He must have been in his office.
彼は会社にいたに違いない。

80% ## He should be in his office.
彼はきっと会社にいるよ。

70% ## He can be in his office.
彼は会社にいる可能性がある。

might は **may** の控えめな表現。

60% ## He might be in his office.
彼は会社にいるかもしれない。

He may be 〜 .

40% ## He could be in his office.
彼は会社にいる可能性がある。

過去形は「**have + 過去分詞**」になります。
He can't have been in his office.
彼は会社にいたはずがない。

会社にいない

10% ## He can't be in his office.
彼は会社にいるはずがない。

そのほかの推測表現

これも覚えよう！

確信がないときの表現 （彼の居場所を知らない）

わからない

I'm not sure　聞いたことはあるけど、よく知らない／不確か

ex) **I'm not sure** where he is.
彼がどこにいるかよく知らない。

I don't know　そのことについて知らない／わからない

ex) **I don't know** where he is.
彼がどこにいるかわからない。

I have no idea　**I haven't a clue**　まったく知らない／見当もつかない

ex) **I have no idea** where he is.
彼がどこにいるか見当もつかない。

まったく
わからない

確信があるときの表現 （受け取ったおつりが間違っていた）

カジュアル

● **The change is wrong.**
おつりが間違っています。

I thinkを付けるとやわらぎます。

● **I think** the change is wrong.
おつりが間違っていると思います。

上記を否定形にすると、もっとやわらぎます。

● **I don't think** the change is right.
おつりが正しいとは思わないのですが。

こちらはビジネスの場でも使われる丁寧フレーズ。

● **I'm afraid** the change is wrong.
恐れ入りますが、おつりが間違っています。

フォーマル

59

これから〜するだろう

未来のプランを話すときのパラフレーズ

確信度によって
表現が変わってきます。

確信度が高い

90% **I'm going to go to space.**
宇宙に行きます。（確実な予定や、見たり聞いたりして確信のある場合）

I'm going to space.
宇宙に行く予定です。（計画中、アレンジ中のことを言う場合）

I think I will go to space.
宇宙に行くと思う。（予言したり、信じている場合）

50% **I hope to go to space.**
宇宙に行くことを望んでいる。（希望や望みを言う場合）

I would like to go to space.
宇宙に行きたいです。（**want to**「〜したい」の丁寧語）

I would love to go to space.
宇宙に本当に行きたいです。（**I would like to** よりも強い願望）

確信度が低い

10% **I might go to space.**
宇宙に行くかもしれません。（曖昧な未来を言う場合）

そのほかの未来表現

これも覚えよう!

ふだん何気なく使っているこれらの表現も、実は未来のことを言っています。確信度は低いですが…。

I'm looking forward to　「~を楽しみにする」

ex) **I'm looking forward to** seeing you.
あなたに会うのが楽しみ。

> to の後は名詞／動名詞

I'm thinking of　「~と思っている・考えている」

ex) **I'm thinking of** having a party.
パーティーを開こうと考えている。

> of の後は名詞／動名詞

この 3 つの違い、わかりますか？ ［未来表現］

will　たった今、決めたこと

ex) I **will** cook pasta for dinner today!
今日の夕飯はパスタにしよう！

be going to　計画・前々から決めていたこと

ex) I **am going to** cook pasta for dinner today.
今日の夕飯はパスタにします。（以前から決めていた）

be ~ ing　着々と進行中のこと

ex) I **am cooking** pasta for dinner today.
今日の夕飯はパスタの予定です。（進行中）

〜するべきだよ

You should 〜 . のパラフレーズ

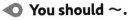

控えめなアドバイス

> **suggest** は、遠回しにアドバイスするとき に使います。

I would suggest (that) you stay home.

家にいることをご提案いたします。（**would** を付けて、よりやわらかい表現に！）

If I were you, I would stay home.

私だったら、家にいるけどなぁ。（相手の立場に立ったやわらかい提案。ビジネスでも **OK**！）

> **may** を **might** にすると、より丁寧な表現に！

You may want to stay home.

家にいたほうがいいかもしれません。（控えめな提案やアドバイスには最適！）

Why don't you stay home?

家にいてみたらどうですか。（相手の意見も聞きながら提案。親しい仲でフランクに！）

I recommend (that) you stay home.

家にいてみては。（相手に何かの行動を促すときにすすめる表現）

You should 〜 .

強いアドバイス

You ought to stay home.

家にいるべきだよ。（**should** よりやや強いニュアンス）

> **had better** は、訳でみる と優しく感じますが、英 語ではかなり強い意味 になるので、使うときに は注意が必要です！

You had better stay home.

家にいたほうがいいよ。（**should** よりもずっと強い「忠告・警告」表現）

そうだね・そう思わない

アドバイスに対する返事のパラフレーズ

共感する

Thanks, I'll do it.

ありがとう、そうするよ。

> do it を省略して I will だけでも OK。

That sounds like a nice idea.

それはいい考えだね。

I think you're right.

それは言えるね。（君の言うことが正しい）

Thank you for a good advice.

いいアドバイスをありがとう。

Good idea, but...

いいアイディアなんだけど…（but の後に理由を付けて）

I don't think so.

そう思わないよ。

I don't think it's a good idea.

それはいいアイディアだとは思わないよ。

共感しない

What a bad idea!

その考えは最悪だよ！

> ダイレクトで強い表現だから使うときに注意！

「アドバイス」表現の過去形・否定形

もっと詳しく！

「アドバイス」といったら定番の 3 つの助動詞表現。ここで文法をチェック！

弱

should
～すべき／～してはどうですか？

☑ 提案するという意味では suggest と似ていますが、should のほうが「こうしたほうがいい」と、"直接的"なニュアンスになります。日常で気軽に使えるアドバイスの表現！

You should relax. （リラックスするべきだよ）

否 You shouldn't relax. （リラックスするべきじゃないよ）

過 You should have relaxed. （リラックスするべきだったんだよ）

過去形のときは should の後に「have + 過去分詞」。

ought to
～すべき／～する義務がある

☑ should よりやや強いニュアンスで、客観的な判断を表します。
☑ 古い表現なので最近ではあまり使われません。

You ought to try. （挑戦するべきだよ）

否 You ought not to try. （挑戦するべきじゃないよ）

否定形は ought と to の間に not を入れるのがポイント！

過 You ought to have tried. （挑戦するべきだったんだよ）

had better
～したほうがいいよ

☑ 訳だけみると優しく感じますが、should よりもずっと強い"忠告・警告"表現なので、使うときには注意が必要です。

You had better leave now. （今、出発したほうがいいよ）

否 You had better not leave now. （今、出発しないほうがいいよ）

過 ― ― ― ― ― ― ― ― ― ― ＊ had better は「今や未来のこと」に対して使うので過去形はありません。

強

仮定法を使った「私だったらこうするけどなぁ…」表現の否定形もチェックが必要！

If I were you...
私だったらこうするけどなぁ …

If I were you, I would take medicine. （私だったら薬を飲むでしょう）

否 If I were you, I would not take medicine. （私だったら薬は飲まないでしょう）

ビジネスで使う「提案」表現

これら 4 つの単語のニュアンスの違いを知っておくと今後のビジネスに役立ちます！

弱

提案する
suggest
〜したほうがいい

☑ 「こうしたほうがいいのでは？」と、代替案などを出して、直接的な意見を避けた控えめな提案。
☑ 上司など目上の人に提案したいときにおすすめです。

I suggest that you change the plan.
プランを変えたほうがいいですよ。

発案する
propose
〜しましょう

☑ suggest よりも積極的で能動的な提案表現です。
☑ ビジネスの計画や改善案を会議で提案するときなどに使えます。

I propose a new plan.
新しいプランでいきましょう。

申し出る
offer
〜しましょうか

☑ 相手の要求を理解した上で、協力や援助を提案するときに使います。
☑ 「NBA から正式オファーがきた！」など、日本でもよく耳にする表現です。

Company A offered to help us.
A 社は私たちに力を貸そうと言ってくれました。

助言する
advise
〜したほうがいい

☑ 専門家がクライアントに対して提案したり、助言するときに使われる表現。
☑ 相手を見下した表現に取られることもあるので、使う際には注意が必要。
☑ 友人や家族間では堅苦しい表現になるのでおすすめしません。

I would advise you to adopt the plan.
その案を採用したほうがいいと思います。

強

プレゼンテーションやメールでは、フォーマルな表現に！

advise のところでも使っていますが、これらの表現をするときに would や may を付けると、フォーマルで丁寧な表現になります。

ex) I would like to suggest that we go for plan A.
プラン A でいくほうがいいと思います。
＊ would だけよりも would like to のほうが更に丁寧。

～しよう

Let's ～ . のパラフレーズ

 Let's ～ .

カジュアルなお誘い

Shall we have a break?

休憩しませんか？（"Let's～."に比べて少し丁寧）

> 丁寧な表現に思われますが、フォーマルな場では "**Would you like to ～ ?**" をおすすめします。

Why don't we play cards?

トランプしませんか？（"Let's～."より強引すぎず、でも積極性もある表現）

> 直訳は「なぜ～しないの？」ですが、実際は「～しようよ！」と相手の意見も聞きながら誘いたいときに使えます。言いかたによっては怒っているように聞こえるのでトーンに気を付けて！

How about going to the gym with me?

一緒にジムに行きませんか？（相手の都合や考えも聞くニュアンスを持った表現）

Do you feel like going out for a walk?

散歩にでも行きませんか？（相手の機嫌をうかがいながら誘う優しいニュアンスの表現）

> 初対面や目上の人など、フォーマルな場で使います。相手の意見を尊重し「もしよければ」とうかがう形に！
> ちなみに、イギリスではこの表現を日常でふつうに使います（笑）。

フォーマルなお誘い

Would you like to start the meeting?

よろしければ会議をはじめませんか？（とても丁寧なお誘いの定番フレーズ）

I'd like a cup of tea with you.

あなたと一緒にお茶をしたいです。（相手に尋ねる疑問文ではありませんが、こちらも **OK**！）

よろこんで・ごめんなさい

誘いに対する返事のパラフレーズ

受け入れる

That's a good idea.
それはいい考えだね。

It sounds good.
それはよさそうだね。

I'd love to, thanks! フォーマル
よろこんで。ありがとう！

> 通常 **I'd like** ですが、**love** にするとより喜び感が伝わります。

With pleasure. フォーマル
よろこんで。

Thanks, but...
ありがたいんだけど… （この後に "**I don't have time.**" など理由を付けて）

I can't, sorry. I have to 〜.
無理、ごめんなさい。〜があるの。（〜をしなくてはならなくて）

> **have to go** とか **have to work** など理由を！

Sorry, I don't feel like it.
ゴメン、そんな気分じゃないんだ。

I'd rather not. フォーマル
結構です。／遠慮しておきます。

受け入れない

ありがとう

Thank you. のパラフレーズ

Cheers! 🇬🇧
ちーっす！

> Thanks はメールやメッセージカードの文末、SNS でよく使います。Thanks だけでもよいですが、その後に a lot や a million などを付けてわざと大げさに使ったり、前に Many や Billion などを付けたりもします。
> ex) **Many thanks for〜.**
> 〜にとても感謝しています

Thanks a lot! ◀┄┄┄
ほんと、ありがとっ！

┄┄┄┄┄┄┄┄┄┄┄┄┄┄┄┄┄┄┄┄┄┄ ◐ **Thank you.**

That's really nice of you.
ほんと、親切にありがとう。

> grateful は形容詞。この表現はメッセージカードやビジネスメールで使います。thankful（感謝する）でも同様に使えますが、grateful のほうが thankful より丁寧な表現になります。

I'm grateful for your support.
あなたのサポートに本当に感謝しています。

> appreciate は丁寧なだけでなく、心から感謝を伝える表現。ビジネスやフォーマルな場で使われます。

I appreciate all you did. ◀┄
あなたがしてくださった全てのことに感謝いたします。

I would like to appreciate it.
心からとても感謝しております。

フォーマル

thank you と appreciate / grateful の違い

"Thank you." は「ありがとう」とカジュアルなニュアンス、appreciate や grateful は「ありがとうございます」とかしこまった表現になります。ビジネスなどフォーマルな場では "Thank you." も使えますが、appreciate や grateful を使うと少し大人な表現になります。

どういたしまして

You're welcome. のパラフレーズ

カジュアル

Anytime!
いつでもどうぞ！（お安い御用さ）

No problem!
どうってことないよ！（お安い御用さ）

Not at all!
いえいえ、どういたしまして！

It's all right.
どういたしまして。

「どういたしまして」＝ "You're welcome." と覚えがちですが、実はこの表現は、少々上から目線のニュアンスがあります。ですから、目上の人や、お客様などには使わないのが無難です。私の場合は "My pleasure." を使っています！

●━━━━ **You're welcome.**

That's absolutely fine.
まったくお構いなく。

My pleasure. = I'm happy to help you.
こちらこそ。（お役に立てて何よりです）

ビジネス・フォーマル

Don't mention it.
礼には及びません。

The pleasure was all mine.
お礼を言うべきはこちらです。

いろいろな "Thank you" の言いかた

もっと詳しく！

まずは、基本中の基本フレーズをおさらい

"Thank you." に very much を付けると、丁寧になる
というより「感謝の度合い」がアップするのです！

▼

Thank you **very much.**

very の代わりに so を使って "Thank you so much." と言ったりし
ますが、これはカジュアルに取られるので、フォーマルな場面
では very を使いましょう！

形容詞を強調させるときの so は、
very よりも断然強い言葉。でもカジュ
アルかフォーマルで言ったら、so
はカジュアルになります。
使うときには要注意！

これを付けるだけで丁寧になる表現

Thank you for everything.
いろいろとありがとう。

口語ではあまり使わず、メッセージカード
やビジネスメールなどで使います。

⬇

I would like to thank you for everything.
いろいろと感謝いたします。

これを付けるだけでかなり強い感謝表現に

I can't thank you enough.
直訳）私はあなたに十分に感謝できない。
あなたには感謝してもしきれません。お礼のしようもありません。

"I can't 〜 ." で「〜してもしきれない」。
非常に感謝の気持ちが詰まった「ありが
とう」表現です！

 こんなアレンジも！

● **You encouraged me. I can't thank you enough.**
　　君は僕を励ましてくれて、感謝してもしきれないよ。

● **I can't tell you how much I appreciate.**
　　言葉にできないくらい感謝しています。（言うことができない）

● **I can't express how thankful I am.**
　　どんなに感謝しているか伝えきれません。（表現することができない）

いろいろな感謝表現

これらのボキャブラリーをもとに活用してみよう！

Thank you for を I appreciate や I'm grateful for に応用できます！

● **Thank you for** ....

～ありがとうございます。

ここをアレンジして！

ビジネスの場

your attention
ご清聴 ＊プレゼンテーション

listening
ご清聴 ＊プレゼンテーション

your time
お時間をいただき

accepting my request
私の提案を受け入れてくださり

your understanding
ご理解いただき

your quick response
迅速なご対応

your cooperation
ご協力していただき

your support
サポートしていただき

your effort
ご尽力いただき

your business
ご愛顧いただき

your concern
お気遣いいただき

all you did
あなたがしてくださった全てのことに

相手に何かしてもらったとき

your thoughtfulness
心配してくれて

your kindness
親切にしてくれて

telling me
教えてくれて

your help
助けてくれて

for giving me a hand
手を貸してくれて

ちょっと大げさに言う表現 `カジュアル`

● **Thanks, anyway.**
とにかくありがとう。

● **Thanks a bunch.**
本当にありがとう。
＊ bunch は「たくさん」という意味。

● **Thank you so, so much!**
本当に、本当にどうもありがとう！

◉ **Thanks a million!**
すごく、すごく、感謝します！

● **Thanks for everything.**
何から何までありがとう。

心からの感謝を伝える `フォーマル`

● **Please accept my sincere thanks.**
心から感謝いたします。＊ please accept で「どうか受け入れてください」という意味。

● **Thank you from the bottom of my heart.**
心を込めて感謝いたします。＊ from the bottom of my heart で「心の底から」。

メールや SNS ではお決まりのフレーズがいくつもあります。ここでチェックして、さっそく使ってみよう！

メール・手紙

メールをもらったときの返信の書きはじめに！
- ## Thank you for your email. 私の場合は your hearty email（心のこもったメール）って書いています。
  メールをありがとう。

手紙やメールに返信をもらったときのお礼のワンフレーズ
- ## Thank you for the reply. your quick reply（早い返信）もよく使います。
  返信をありがとう。

写真をもらったらすぐにお礼を。写真の感想も忘れないで！
- ## Thank you for sending me pictures.
  （いくつかの）写真を送ってくれてありがとう。

  > data（データ）や document（資料）などに換えて！

久々のコンタクトだったら、素直に喜びを伝えて！
- ## Thank you, it has been a long time no see! How are you doing?
  ありがとう、久しぶりだね！ 元気？

フォーマルに伝える 人名や him などの代名詞を
- ## Please tell ～ my gratitude. gratitude は「感謝」という名詞。手紙などで使われます。
  ～に感謝の意をお伝えください。

SNS

- ## Thank you for your message. your wonderful message（素敵なメッセージ）と修飾しても！
  メッセージをありがとう。

- ## Thanks for following me.
  フォローありがとう。

- ## Thank you for adding me as a friend.
  友達承認ありがとう。

- ## Thanks a lot! I'll PM you later. PM を DM（ダイレクトメッセージ）に換えても！
  ありがとう！ 後でプライベートメッセージ送るね。

"Thank you" を使わない感謝表現

ほかにも、「ありがとう」の感謝を伝えるフレーズはいろいろあります！

カジュアルな「ありがとう」

- **I owe you one.** owe 〜 は「〜のおかげである」という意味。
  恩に着るよ。

- **Thx!**
  ありがとう。

- **You're the best!** 🇬🇧
  君って最高だよ！

- **I owe you a lot.**
  君のおかげでうまくいきました。

丁寧な「ありがとう」

- **I am obliged.** "I am much obliged." で更に強調！
  恩に着ます。

- **That's very nice of you.** nice を kind や sweet に換えても OK！
  親切にありがとう。

- **I'm full of gratitude.** full of 〜 は「〜でいっぱい」という意味。
  感謝の気持ちでいっぱいです。

- **You've been very helpful.**
  助かりました。

イギリスでは Cheers! が大活躍

イギリスではよく **lovely** を耳にしますが、それと並んで **cheers** も聞きます。**cheers** は「乾杯」の掛け声でおなじみですが、ほかにもカジュアルな「ありがとう」として使われます。例えば、パブで料理を持ってきてくれたスタッフに対して "**Thank you!**" の代わりに "**Cheers!**" と。友人同士でも気軽に使います。
またお礼とは別に、スタッフから "**Have a good day!**" と声をかけられたら、「**You too!**」と同じ感覚で "**Cheers!**" と返したり。とにかく使い勝手がよい単語です♪

73

すみません

I'm sorry. のパラフレーズ

友人同士で軽く謝ったりするとき、
"Oh, my bad!"「あぁ、悪い！」って。

My bad! 🇺🇸
わりぃ、わりぃ！

It's my fault.
fault の代わりに mistake
を使ったりもします。

私のせい、ごめんね。

That was wrong of me.
私が間違っていました。

◖ I'm sorry.

I'm terribly sorry to be late.
遅れましてたいへん申し訳ございません。

名詞

My apologies for my late reply.
返信が遅くなりまして申し訳ございませんでした。

動詞

I apologize for my mistake.
間違いをお詫びします。

Please accept my apologies.
誠に申し訳ございません。（直訳：どうか謝罪を受け入れていただけないでしょうか）

フォーマル

ビジネスでの決まり文句！

sorry と apologize の違い

sorry は謝罪をしてはいるもののそれが「必ずしも自分の責任であると示している」わけではなく、apologize は「自分の責任を認めた上で」相手に謝罪する表現になります。ですので、ビジネスやフォーマルの場での謝罪には apologize がよく使われます。

気にしないで

Never mind. のパラフレーズ

Never mind.

カジュアル

It's all right.
大丈夫、問題ないよ。

It doesn't matter.
全然かまわないよ。

It's not important.
大したことじゃないよ。

Forget about it.
いいよ、忘れて。気にしないで。

> ほかにも "No problem." とか "That's ok!" とか、「ありがとう」の返しとダブるところがあります。
> しかし謝罪の場合、①「気にしてないよ、大丈夫！」と快く返す場合と、②「取りあえず、わかった…」と渋々返す場合とでは、返しかたも違ってきます。その場合は声のトーンで調整してください。
> ①快く→明るい調子でポジティブに。
> ②渋々→暗い調子でネガティブに。

I quite understand.
よくわかりましたよ。

Please don't worry about it.
それについては、どうぞご心配なさらず。

Please don't mention it.
どうかそのことはもう仰らないでください。

フォーマル

Thank you for apologizing.
謝ってくださりありがとう。

sorry / apologize の使いかた

もっと詳しく！

謝罪の気持ちを更に強める

sorry と apologize は、副詞を使って強調します。その際にはルールがあるのでチェック！

形容詞

● I am _____ sorry.

sorry には、どれも使えます。

動詞

● I _____ apologize.

apologize には、この2つ。

副詞

so	<	very	<	terribly	<	truly	<	deeply	<	sincerely
本当に		たいへん		ものすごく		真に／誠に		深く		心から

ex) **I am so sorry for my late reply.**
返事が遅くなって本当にすみませんでした。

ex) **I deeply apologize for my mistake.**
自分のミスを深くお詫びいたします。

apologize はアメリカ英語。イギリス英語ではapologise と綴りが変わります。発音は一緒です。

ちなみに、**apology** の場合は「名詞」だから形容詞で強調。最上級を使うと更に強調されます。

名詞・複数形

● Please accept my _____ apologies.

apology を強調する形容詞もこの2つ。

形容詞

deep	/	sincere		<	deepest	/	sincerest
深い		心からの					

形容詞の最上級

更に強調

ex) **Please accept our sincerest apologies.**
心よりお詫び申し上げます。

こういった文では、apology はたいてい複数形で使われます。
複数表記にすると、より相手に誠意を伝えることができます！

謝罪に具体的な内容を付ける表現

同じ謝罪内容でも様々な表現方法があります。

● **I'm sorry**
すみません。

● **I apologize**
お詫びいたします。

行為 for / about
I apologize for my late.
遅刻をお詫びいたします。

人 to
I apologize to you for being late.
遅刻したことをあなたにお詫びいたします。

具体的な事柄 that
I apologize (that) I am late.
私が遅刻したことをお詫びいたします。

（*これらの表現の詳細は p.80 参照）

いろいろな謝罪表現

シチュエーションに応じて！

様々なシチュエーションから、謝罪の言い回しを見てみよう！

ミスしてしまったとき

● **So sorry, it's my bad.**
本当にごめんなさい、私が悪いの。

● **I'm terribly sorry. It's all my fault.** 全面的に自分の非を認めるときに使う表現。
本当にすみません。全て私のせいです。

● **I would like to apologize for our mistake.** I would like to を付けて更に丁寧な表現に。
私どもの間違いをお詫び申し上げます。

友人との約束をキャンセルするとき

make it は「都合をつける」という意味。

● **So sorry, but I can't make it today.**
本当にごめん、今日行けなくなっちゃった。

メールの返事が遅くなってしまったとき

● **Sorry for my late reply.** 友人や家族など親しい間柄でのカジュアルな表現。
返事が遅くなっちゃってごめん。

● **I am sorry that I could not get back to you sooner.**
お返事が遅くなってしまいすみません。

get back で「折り返し連絡する」という意味。

メールでの I'm とか couldn't などの省略はあまりおすすめしません。

会議に出席できないとき

こういった場合、can よりも be able to のほうがフォーマルな印象を与えます。

● **I am afraid I will not be able to attend the meeting due to another appointment.**
申し訳ございませんが、所用により会議に出席することができません。

相手にとってよくない知らせを伝えるときは、I'm afraid（that）を前に付けると丁寧な印象に。

77

"Sorry" にひと言付け足して謝罪する

シチュエーションに応じて!

sorry のひと言では十分に思いを伝えられないときに補います。

何のために謝っているのかを付け足す

I'm sorry, I hurt you. （あなたを傷つけてしまい、ごめんなさい。）

ほかの例も! **I disappointed you** （あなたを失望させてしまい、）

I embarrassed you （あなたに恥をかかせてしまい、）

I betrayed you （あなたを裏切ってしまい、）

sorry だけでは十分に思いを伝えられないとき

I'm sorry. の後に、これらの言葉を付け足します。

- **You may well get angry.** may well は「おそらく～だろう」という意味で、「～するのももっともだ」という表現に使えます。
  あなたが怒るのもごもっともです。

- **I shouldn't have said that.**
  あんなこと言わなきゃよかったよ。

- **I regret what I did to you.**
  あなたにしてしまったことを後悔しています。

  いろいろ応用できます!
  I was selfish.
  私が身勝手だった。
  I was wrong.
  私が間違ってた。

- **Please forgive me. I was stupid.**
  私を許してください。私がバカだった。

- **I'm such an idiot.** 深刻なミスというよりは、間抜けなことをして後悔の気持ちを表すニュアンス。
  私は本当にバカだね…。

最後にもうひと言、念を押して付け足すとき

- **It won't happen again.** 日本語でいう「今後十分注意いたします。」「もう（悪いことは）しません。」のニュアンスです。
  もうこのようなことは起こりません。

- **Again, we apologize for the inconvenience.**
  ご不便おかけしましたことを再度お詫び申し上げます。

  inconvenience は「不都合」という意味。日本でよく耳にする「ご不便をおかけしてすみません。」は、"Sorry for the inconvenience." になります。

"Sorry" を使わない謝罪表現

これも覚えよう！

ほかにも、「すみません」と謝罪を伝えるフレーズはいろいろあります！

カジュアルな「すみません」

● **My fault / mistake.**
（私のせいで）ごめんね。

● **It's my fault.** It's を付けるとちょっと丁寧に！
私のせい、申し訳ない。

● **SRY** SNS 上で省略して使われる
ネットスラング。
ごめん。

My bad! はアメリカ英語のスラング。気軽に
「わりぃ、わりぃ！」って感じで使います。

丁寧な「すみません」

● **Excuse me.** 「すみません」という意味で広く知られていますが、ほかにも「謝罪するほどで
もないけれど気を悪くしたならごめんね」と、軽く謝るときにも使います。
すみません。失礼。

● **Pardon me.** excuse と同じく軽く謝罪するときに使われますが、"Excuse me." や "I am
sorry." よりも丁寧な言いかた。かしこまった場で使われます。
すみません。失礼します。

● **Forgive me.** こちらはもっと重い謝罪の意味。「自分の過失を許してください」と相手に許し
を請い、受け入れてくれることを期待して使います。
許してください。

● **I am afraid that〜.** 言いづらいことをかしこまって伝える表現。ネガテ
ィブなことを伝えるときや、ビジネスで最もよく使
申し訳ございませんが〜。恐れ入りますが〜。 われる謝罪表現です。

ex) **I am afraid we cannot accept your request.**
申し訳ございませんが、ご要望にお応えすることができません。

● **I regret〜.** regret は「後悔する」という意味。apologize よりもフォーマルで、取
引先や顧客に謝罪メールを出すときなどに使います。謝罪表現では
〜を申し訳なく思っています。 「sorry ＜ apologize ＜ regret」と右にいくにつれてフォーマルに！

ex) **We very much regret the error.**
そのミスに関しまして、たいへん申し訳なく思っています。

感謝や謝罪に補足する「前置詞＋○○」

「for ＋○○」や「to ＋○○」といった、行為や目的を補う表現は多くあります。ただ、ちゃんと使い分けるのは結構たいへん…。そこで、ここでは「前置詞＋○○」のパターンをピックアップしました。「遅れたこと」を謝罪するフレーズを例に見てみましょう！

行為を付ける

about ＋ 名詞　ex) **I apologize about my late.**
　　　　　　　　　　　遅れたことについてお詫びします。

for ＋ 名詞　ex) **I apologize for my late.**
　　　　　　　　　遅れたことをお詫びします。

for＋ 動名詞　ex) **I apologize for being late.**
　　　　　　　　　　遅れてしまって申し訳ございません。 過去

> **for ＋ 動名詞**
> 過去の出来事に対して謝る

to ＋ 動詞　ex) **I apologize to be late.**
　　　　　　　　　遅れていて申し訳ございません。 現在

> **to ＋ 動詞**
> 今やっていることに対して謝る

具体的な事柄を付ける

that ＋ S＋V　ex) **I apologize (that) I am late.**
　　　　　　　　　　遅れて申し訳ございません。

人を付ける

to ＋ 人　ex) **I apologize to you for being late.**
　　　　　　　　遅れたことをあなたにお詫びします。

> **to ＋ 人：「○○に対して〜する（してあげる）」**
> 行為が人に直接行われたり、直接影響を及ぼす場合

for ＋ 人　ex) **I apologize for being late for him.**
　　　　　　　　彼のために遅れたことをお詫びします。

> **for ＋ 人：「○○のために〜する（してあげる）」**
> 人のために何らかの行動がとられる場合

「こんなときなんて言う？」
英語には見当たらない表現の言い換え

　イギリス生活をはじめた頃、生活のところどころで「あれっ、これって英語でどう言うのだろう？」という場面がよくありました。日本では当たり前に使われている声がけが、英語にはないのです。「いってきます⇔ただいま」や「いただきます⇔ごちそうさま」は前の章でご紹介しましたが、ここではそれ以外のちょっと気になる声がけフレーズをピックアップ。どうしても日本的に言いたい場合は、これらのフレーズで代用可能かと！

お疲れ様！　　〜同僚や友人を労う場合。上司には NG。

Well-done! (よくやったよ！) ・ **Good job!** (やったね！)

お疲れ様でした。　　〜相手が疲れていることを想定した場合。目上の人にも OK。

You must be tired. (疲れているでしょ)

おかげ様で　　〜誰かのおかげで、神様のおかげでと感謝の意も込めて。

Thankfully, (ありがたいことに) ・ **Fortunately,** (幸運なことに)

助かりました。　　〜誰かに何かをしてもらったときは、素直に "Thank you." で OK。

Thanks to you, (あなたのおかげで) ・ **It was helpful.** (役立ちました)

お邪魔します。　　〜謙虚な表現はないのでポジティブに感謝の意味で。

Thank you for inviting me. (お招きいただきありがとう)

May I come in? (入ってもよろしいでしょうか)

つまらないものですが…。　　〜日本語特有のへりくだった表現ですが、英語ではポジティブな意味で。

This is a small something for you. (ちょっとしたものですが)

I hope you like it. (気に入ってもらえると嬉しいです)

Chapter 3

感情を表現しよう!

Happyな気分 を 表現

希望していた学校に合格して ▶▶▶
I feel like **walking on air.**
めっちゃ幸せな気分。（空気の上を歩く⇒天にも昇る心地）

母の手術が成功して ▶▶▶
I'm **jumping for joy!**
心から嬉しい！

幼なじみとの10年ぶりの再会 ▶▶▶
I'm **tickled pink.**
最高に嬉しい。（**be tickled pink** →非常に喜ぶ）

ダメもとで告白したら受け入れられて ▶▶▶
I feel **on top of the world!**
最高の気分！（世界の頂点にいる気分）

夢だったロンドンでの仕事が決まって ▶▶▶
I'm **over the moon!**
すっごくすっごく嬉しい！（月の上⇒天にも昇る気分）

結婚式のスピーチで ▶▶▶
I **couldn't be happier!**
最高に幸せ！

結婚式の翌日 ▶▶▶
I had **the time of my life.**
最高に楽しかった。

● 単語を当てはめて「喜び」を表現する

「喜び」を表す単語

amused
おもしろがる

glad
嬉しい

interested
興味がある

delighted
喜んでいる

grateful
嬉しく思う

joyful
喜びで満ちている

excited
ワクワクする

hilarious
大喜びの

optimistic
楽観的な

fulfilled
充実している

hopeful
希望に満ちている

peaceful
平穏な

ex) **I feel joyful.**（嬉しいわ）

ex) **She made me hopeful.**（彼女は私を希望に満たした）

● ひと言で「喜び」を表現する

歓喜から

Whoohoo!
やったぁ！

I won
the lottery!
宝くじが
当たったんだ！

歓喜から

Golly!
まぁ！

How
wonderful!
なんて
素晴らしいの！

歓喜・感動から

Unbelievable!
信じられない！

Thanks, God!
神様、ありがとう！

歓喜から

Hooray!
やったぁ！／万歳！

I passed the
interview!
面接に
受かったよ！

歓喜から

Whoopee!
ワーッ！／ワーイ！

We won the
championship!
僕らは
優勝したぞー！

喜びから

Yay!
やったね！／イェイ！

I was praised
by my boss.
上司に
ほめられた。

Sadな気分 を 表現

彼氏からフラれた次の日 ▶▶▶
I'm feeling blue today.
今日は（悲しみで）ブルーです。

友の裏切りから立ち直れなくて ▶▶▶
I've been so down in the dumps.
ずっと気持ちがふさいでいるんです。

親友が離婚したと聞いて ▶▶▶
My heart sinks when I knew that.
それを知って、気持ちが重いよ。

最愛の妻を亡くして歳月は経ったものの ▶▶▶
I'm filled with sorrow still now.
今もまだ悲しみに満ちているんです。

可愛がっていたペットを亡くして ▶▶▶
My heart is choked with sorrow.
悲しみに胸がつぶれる思いです。

大切なものを全て失って ▶▶▶
I ran out of tears.
泣きすぎて涙も出なくなった。

夢も希望も失い、悲しみから立ち直れず ▶▶▶
I'm such a mess.
もうボロボロだよ。

●単語を当てはめて「悲しみ」を表現する

「悲しみ」を表す単語

depressed 落ち込む	**lonely** 寂しい	**sorrowful** 悲嘆に暮れた
desperate 絶望的な	**miserable** 悲惨な	**tearful** 涙でいっぱいの
empty むなしい	**pained** 悲しい	**unhappy** 不運な
hopeless 絶望的な	**powerless** 無力な	**unloved** 愛されていない

ex) **I'm totally depressed.** (私は完全に落ち込んでいます)

ex) **How miserable!** (なんて悲惨なんだ!)

●ひと言で「悲しみ」を表現する

Anger な気分 を 表現

友人の能天気さに呆れて ▶▶▶

You **drive me mad (crazy)**!

君にはイライラするよ！

約束をやぶられて ▶▶▶

I felt really **pissed off**.

本当にムカついた。

八つ当たりを受けたとき ▶▶▶

He **takes it out on** me.

彼は私に怒りをぶちまける。

堪忍袋の緒が切れたとき ▶▶▶

This is **the last straw**!

もう我慢の限界！

相手の言動に怒りを覚え ▶▶▶

I **saw red** at his bad behavior.

彼のヒドイ振る舞いに激怒した。

怒りが頂点に達して ▶▶▶

I **hit the roof** when I saw it.

それを見たときカンカンに怒った。

怒りが爆発したとき ▶▶▶

My mum **blew her top** to me.

母は私に怒り狂った。

●単語を当てはめて「怒り」を表現する

「怒り」を表す単語

angry	**grumpy**	**mad**
怒っている	機嫌が悪い	怒った
annoyed	**infuriated**	**offended**
イライラしている	激怒した	気分を害された
frustrated	**irritated**	**outraged**
苛立った	イライラした	激怒した
furious	**jealous**	**upset**
激怒して	妬んでいる	腹立たせる

ex) **I feel so annoyed.** （かなりイライラしているの）

ex) **Why are you angry?** （なんであなたは怒っているの?）

●ひと言で「怒り」を表現する

苛立ちから

Tut!
ちぇっ!／くそっ!

You're just saying it...
あなたは言ってるだけじゃない…。

罵倒時

Ridiculous!
バカバカしい!

軽蔑から

Phooey!
アホか!／ちぇっ!

You don't make any sense!
意味わかんない!

怒りから

Shoot!
ちくしょう!／くそっ!

I got so mad.
ほんとに頭にきたー。

怒りから

Gah!
クソー!／あーもう!

He makes me annoyed.
奴はオレをイライラさせるー。

怒りから

Whatever!
もう(どうでも) いいよ!

Leave me alone.
ほっといて。

89

Fearな気分 を 表現

昨晩の奇妙な現象を友人に説明する ▶▶▶

I was spooked by the sound.

その音にビビったよ。

得体のしれない生き物を目にして ▶▶

It's so creepy.

超ゾッとする。

最近の夫の変貌を友人に話す ▶▶

I'm afraid of his behavior.

彼の言動が恐ろしいの。

九死に一生を得たときの話をする ▶▶▶

I was in white terror at that time.

そのとき、恐怖で真っ青になったの。

バンジージャンプのジャンプの直前 ▶▶▶

I'm scared to death!

死ぬほど怖いー！

先日の貴重な体験を友人に話す ▶▶▶

I was petrified when I saw a ghost.

オバケを見たときは、腰が抜けるほど怖かったよ。

山で熊に出くわして… ▶▶▶

I'm chilled to the bone.

動けないほど怖い〜。

●単語を当てはめて「恐怖」を表現する

「恐怖」を表す単語

afraid 恐れている	**frightened** 驚愕する	**panicked** 恐怖でうろたえる
alarmed 怖がらせられる	**horrified** 恐怖に襲われる	**scared** 怖がる
anxious 不安になる	**intimidated** おびやかされた	**terrified** 恐れおののく
fearful ゾッとする	**nervous** 不安になる	**threatened** おびやかされた

ex) **Are you scared?** （あなた、怖いの?）

ex) **I was really horrified.** （本当にゾッとしたよ）

●ひと言で「恐怖」を表現する

91

Disgustな気分
を
表現

不快感・嫌悪感の定番！ ▶▶▶

I hate it.

嫌っ。

急に何かに取り憑かれたような様子に ▶▶▶

His behavior was creepy.

彼の行動は気味が悪かったわ。

怪しい空き家に入って ▶▶▶

What the hell is this smell.

いったいこの嫌なにおいは何なんだ。（なんて不快なにおい）

結論の出ないムダな会議が続き… ▶▶▶

I'm getting sick.

（イライラしすぎて）気分が悪くなってくる。

異国で想像もつかないような料理を出され ▶▶▶

It was such a nasty food.

それはそれは気持ち悪い食べ物だったんだ。

突如、レストランの厨房から歓迎されない客が現れ ▶▶

Look, it's a rat! Oh, yuck!

見て、ドブネズミだわっ。げっ、やだっ！

下水管の破裂でたいへんなことに！ ▶▶▶

I can't stand this awful stench.

このひどい悪臭には耐えられない。

●単語を当てはめて「不快感」を表現する

「不快感」を表す単語

awful ひどい	**obnoxious** とても不快な	**terrible** とても不快な
gross 不快にさせる	**obscene** ひどく嫌な	**uncomfortable** 不快な
horrible ひどく嫌な	**putrid** 極めて不快な	**unpleasant** 不快な
noxious 不快な	**sour** 不快な	**wack** 非常に不快な

ex) **I feel horrible.**（ひどい気分です。最悪です）

ex) **That makes me uncomfortable.**（気分が悪いっ。それは私を不快にさせる）

●ひと言で「不快感」を表現する

強い嫌悪から
Disgusting!
おぇー!

気持ち悪さから
Ew!／Eww!
うぇっ!
How dirty!
なんて汚いんだ!

悪臭から
Pooh!
ひぇ〜っ!
It's too smelly.
臭すぎー。

不快さから
Gross!
キモチわりーっ!
What creepy insects!
なんて不気味な虫なの!

気持ち悪さから
Ugh!
ゲー!

嫌気から
Yucky!
おぇー!／げ、やだ!
Give me a break!
勘弁してくれよー!

Surpriseな気分 を 表現

友人が難関校に合格したと聞いて ▶▶▶
Oh, did you?! (Oh, you did?!)
うわぁー、本当？

友人からドッキリを仕掛けられ ▶▶▶
Are you kidding me?
マジでっ⁉／冗談でしょ！

元カノにすぐに彼氏ができたと聞いて ▶▶▶
Wow, I'm shocked!
ええっ、それはショック！

無理だと思っていたプレゼンが通って ▶▶▶
That's unbelievable!
信じられない！

悲惨な事故を目の前にして ▶▶▶
Oh my... I'm speechless.
まぁ…言葉がないわ。

突然、ワッと驚かされて ▶▶▶
You gave me a heart attack!
心臓が止まるかと思った！

あまりに美しい景色を目の前にして ▶▶▶
That's breathtaking!
（息をのむほど）素晴らしい！

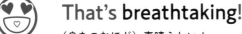

●単語を当てはめて「驚き」を表現する

「驚き」を表す単語

alarmed 怖がって驚く	**excited** 興奮する	**startled** 飛び上がるほど驚く
amazed すごさに驚く	**confused** 困惑している	**struck** 感銘を受ける
astonished 驚愕する	**frightened** 怖がって驚く	**stunned** 声が出ないほど驚く
astounded ショックで度肝を抜かれる	**shocked** 衝撃を受けた驚き	**surprised** 不意を突かれて驚く

ex) **I was so amazed to hear that.**（それを聞いてすごく驚きました）

ex) **His talent made me shocked.**（彼の才能にショックを受けた）

●ひと言で「驚き」を表現する

95

"Happy Birthday" のいろいろな言いかた

誕生日のお祝いメッセージのやり取りはとても重要！　手紙・カード・メール・SNS…と、いろいろな方法で気持ちを伝えられます。お祝いを伝える相手によって、またそのときの状況によってフレーズを換えたりして、自分の気持ちを伝えましょう。

誰に対しても使える基本フレーズ

● **Happy Birthday! I hope you have a great day.**
お誕生日おめでとう！　よい１日でありますように。

● **Happy Birthday, ○○! Wishing you all the best.**
○○さん、お誕生日おめでとう！　幸運がたくさんありますように。

● **"Happy Birthday" to you from Japan.**
日本から「お誕生日おめでとう」。

Happy Birthday に付け足すフレーズ

● **Many more happy returns!**
もっと多くの幸せが巡ってきますように！

● **May this year be the best of your life!**
今年があなたにとって最高の１年になりますように！

● **Make a wish and blow out the candles!**
願いごとをして、ろうそくを吹き消そう！

● **The more candles, the bigger the wish!**
ろうそくの数が増えるように、あなたの願いも大きくね！

● **Have a wonderful time on your special day with your family!**
あなたの特別な日に、ご家族と素敵な時間を過ごして！

> wonderful を別の単語にしたり、family を彼氏彼女に換えたりしてアレンジ可能。

● Happy **belated** birthday! Hope it was a great day.

遅くなったけど、お誕生日おめでとう。よい1日であったことを願っています。

● HAPPY B-DAY!!! B-DAY は Birthday の略語。

誕生日、おめでとー!!!

● Hope **ur** birthday great :) ur は you are の略語。

最高の誕生日になりますように (^^)

● **A bunch of** wishes from me! Happy b-day!

めっちゃハッピーな誕生日を！

A bunch of は A lot of の
口語的表現。

● Thank you for **the birthday wishes.**

誕生日を祝ってくれてありがとう。

● Thank you for **the lovely gift.** プレゼントももらった場合。

素敵なプレゼントをありがとう。

● Thanks **everyone** for all the messages.

皆さん多くの誕生日メッセージをありがとう。

SNS でメッセージを受け取り、
個別に返事ができない場合。

Chapter 4

感覚を伝えよう！

おいしい

It tastes good. のパラフレーズ

It looks mouth-watering!
おいしそうだね（よだれがたれそうな）！

What a flavourful dish!
なんておいしい（風味豊かな）お料理でしょう！

.... ◑ **It tastes good.**

It's very tasty.
とてもおいしいです。

It's yummy! ◀ ┈┈┈┈┈ 幼児言葉。カジュアルですが、親しい仲でふざけて使ったりします。
とってもおいちー！

How delish! ◀ ┈┈┈┈┈ 親しい間柄ならこのほうが気持ちが伝わります。
なんてうめぇんだ！（**delicious** のスラング）

I enjoyed the lovely dinner, thanks.
おいしいディナーを堪能しました、ありがとう。

This soup is really palatable.
このスープ、本当においしい（味がよい）です。

The chef's food was so delicious!
そのシェフの料理は、とーってもおいしかったの！

まずい

It tastes bad. のパラフレーズ

まずい

Sorry, it's **not good.** フォーマル
申し訳ないけど、おいしくないです。

This miso soup is **tasteless.**
この味噌汁、まずいよ（味がない）。

I will have none of **flat dishes!**
まずい（味のない）料理はまっぴらごめんだ！

- **It tastes bad.**

It looks **horrible!**
超まずそう（ひどく嫌な感じ）！

これらのフレーズは、料理を作ってくれた人に失礼になるので、実際に使うのは控えよう！　もしまずくてムリな場合は、**"I'm too full to eat."**「おなかがいっぱいで食べられません」と言って残せば OK！

It was the **vile meal.**
この上なくまずい食事だったんだ。

すごくまずい

How **disgusting!**
なんてひどくまずいんだ（最低きわまりない）！

おいしくもまずくもない微妙な味の表現は？

- **This dressing is so so.**　　このドレッシングはまぁまぁだね（汗）。
- **Hmm, it's not bad...** フォーマル　う～ん、悪くはないよ。。。

「おいしい／まずい」の度合いをチェック

位置関係を
チェック！

位置関係がわかれば、自分の英語表現に活かすことができる！

おいしい ↑

delicious
とてもおいしい

*そのほかの「とてもおいしい」表現

amazing
驚くほどおいしい

exquisite
極上の／美味な

scrumptious
すごくおいしい／激ウマ

yummy カジュアル
とってもおいちい（幼児言葉）

beautiful
素晴らしくおいしい

delightful
喜ぶほどおいしい

enjoyable
素晴らしくおいしい

tasty
おいしい

palatable
味のよい／口に合う

もっと具体的な表現も！

appetizing
食欲をそそる

mouth-watering
よだれの出そうな

flavorful
風味豊かな

nice / good
イケる

so so
まぁまぁ

not bad フォーマル
悪くない

これらの形容詞の前に副詞を置くと、更に表現が強調されます。

副詞 形容詞

ex) **The soup was so tasty.**
そのスープはすごくおいしかったんだ。

（* p.48 参照）

not good フォーマル
微妙／よくない

tasteless
まずい（味がない）

flat
味のない

disgusting
かなりまずい（気分が悪くなる）

*そのほかの「とてもまずい」表現

foul
極度にまずい

distasteful
ひどい味の（ゲロゲロ）

revolting
ムカつかせる

horrible
超まずい（ひどくイヤな）

awful
ひどくまずい

nauseating
吐き気を催すような

vile
この上なくまずい

↓ まずい

これらは料理を作ってくれた人に対してとても失礼な言葉になるので、使うときには気を付けて！

日本と英語圏とのカラーイメージの違い

　日本でもイギリスでも会話の中で色を使った表現はよく出てきます。色には特有のイメージがあり、例えに使ったり、サインに使ったり…。でも、国が変われば色のイメージも変わります。

　例えば「ピンク」。日本では「性的なイメージ」があるのに対し、欧米では「健康的で明るいイメージ」なんです。また、「青」は日本では「知的・冷静なイメージ」なのに対し、英語圏では「性的」な表現で使われます。おもしろいですよね♪　日本と英語圏でのカラーイメージの違いをピックアップしてみました！

赤色／red
[日本]　めでたい、攻撃的、怒り、情熱
[英語圏]　愛、興奮、革命、危険

ex) paint the town red （騒ぎ立てる）

黄色／yellow
[日本]　幸福、好奇心、希望、注意
[英語圏]　裏切り、卑劣、臆病、喜び

ex) yellow streak （臆病な性格）

桃色／pink
[日本]　可愛らしさ、ワガママ、性的表現
[英語圏]　健康、活力、同性

ex) in the pink （とても健康な）

緑色／green
[日本]　自然、新鮮、平和、安心
[英語圏]　嫉妬、未熟、若さ、不貞

ex) green with envy （妬む）

青色／blue
[日本]　知的、誠実、冷静、爽やか
[英語圏]　性的表現、陰気、孤独、信頼

ex) feel blue （落ち込む、ブルーになる）

紫色／purple
[日本]　高貴、優雅、気品、霊的
[英語圏]　負、葬式、尊敬、高貴

ex) born in the purple （貴族に生まれる）

黒色／black
[日本]　負、葬式、高級感、洗練
[英語圏]　死、不吉、不名誉、高価

ex) black day （最悪の日）

白色／white
[日本]　神聖、清楚、潔白
[英語圏]　降参、負け、エレガンス、平和

ex) raise the white flag （白旗をあげる）

おなかがすいた

I'm hungry. のパラフレーズ

空腹

I feel peckish.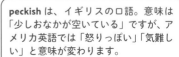
小腹が空きました。（鳥が食べ物をついばむ動作から）

> **peckish** は、イギリスの口語。意味は「少しおなかが空いている」ですが、アメリカ英語では「怒りっぽい」「気難しい」と意味が変わります。

I'm a little hungry.
ちょっとおなかが空きました。（**hungry** の前に副詞を付けて度合いを表現　＊p.48 参照）

I've got the munchies.
何かおなかが空いたなぁ。（アメリカ英語のスラング。軽食やスナックを指します！）

.... ◉ **I'm hungry.**

I'm starving.
すごくおなかが空いています。（おなかが空きすぎて我慢できない）

I'm ravenous.
ものすごくおなかが空いています。（おなかが空きすぎてガンガン食べたい状態）

I could eat a horse.
超おなかが空いています。（「馬1頭でも食べられそうなくらい…」と動物を使った例え）

> **horse** の部分に **bear**（クマ）や **wolf**（オオカミ）を入れた言いかたもあります。ちなみに、食いしん坊な私は留学生時代、ここを **elephant**（ゾウ）に換えていました w

極度の空腹

I'm famished.
おなかが空いてもう死にそうです。（「飢えている」という強い表現）

おなかがいっぱい

I'm full. のパラフレーズ

満腹 ···································· I'm full.

I'm completely full.
完璧におなかいっぱい。(**full** の前に副詞を付けて状態をもっと強調！)

I'm stuffed.
おなかがいっぱいで苦しいよ。(おなかにいっぱい詰め込まれた状態)

I'm plum tuckered. 🇬🇧
おなかがいっぱいで本当に苦しい。(疲れるくらい苦しいというイギリスの口語)

I'm too full to move.
おなかがいっぱいで動けない。(**too** で強調。更に **to〜** と状況を付け足す表現)

極度の満腹

I'm struggling.
おなかがいっぱいすぎて苦しい〜。(満腹すぎて、もがきあがくほど苦しい状態)

おなかがいっぱいで食べられないときは?

● **I'm done.** ◀ · · · · · · · · · · · · ·
もう食べられません。

● **I can't eat anymore.**
もう食べられません。

＊ "I'm done." は "I'm done eating." の略。
単に「食べ終わりました」と、満腹で
「もう食べられない」の両方の意味があ
ります。

そのほかの「おなかがすいた」表現

hungry は be 動詞以外にも使える

● **I feel hungry.**
空腹を覚える。

空腹表現は "I am hungry." だけじゃないよ〜♪

● **I get hungry easily...**
おなかが空きやすいタチなんです。。。

● **I always go hungry before going to bed.**
いつも寝る前におなかが空くんだ。

空腹を間接的に表現

　小腹が空いた状態

● **I feel like having some snacks.**
おつまみをつまみたいような気分。

　おなかが空きすぎて鳴っている状態

● **My stomach is growling...**
おなかが鳴っている。。。

「おなかが空いた」は直接的表現。間接的には「おなかの具合」や「空き感」を示したりします。

　空きっ腹状態

● **My stomach is empty.**
胃が空っぽです。

hungry の名詞形 hunger を使った表現

● **I felt faint with hunger (:|**
あまりに空腹で目まいがしました（汗）。

ちなみに、(:| は英文メールでの（汗）表現！

● **Hunger is the best sauce!**
空腹は最高の調味料です！（おなかが空いていると何でもおいしい）

英語で使われる顔文字表現

　私がイギリスに留学していた当時は、まだスマホが主流ではなく、もちろん LINE などの SNS もなかったので、友人同士の連絡はもっぱら携帯電話のテキスト（SMS）でした。しかしそのテキストも文字数が限られていて…（時代を感じますねw）。それで、簡単に打ち込めて、字数の少ない省略文字や顔文字をガンガン使っていました。

　でも、そこでも日本との違いがありました。私は何の気なしに「笑顔」の顔文字を「(^^)」と打ち込んで送ったら、「これ何？」って返事が。。。そこで説明したら、英語での笑顔表現は「:-)」と横向きになることが判明したのです！　ここでは英語圏で使われる代表的な顔文字をご紹介します。

幸せ

:)	嬉しい
:-)	笑顔
:D	笑い
:'D	泣き笑い
;)	ウィンク
:P	舌を出した顔
:)))	笑顔を強調

悲しい

:(	悲しい
:-((	悲しい
:'-(	泣いている
:((	悲しさを強調
:-(	残念
:-C	がっかり

怒り

:-||	怒り
>:(	とても怒っている
>:-@!	怒りながら文句

その他

:-O	驚き
:-Z	眠い
|-O	あくび
|-I	寝ている
:X	沈黙
:-*	キス
:-@	叫び

　今や SNS やメールでは絵文字（英語でも "EMOJI" と言います）が使えますが、これらの顔文字もまだふつうに使われています。ちょっとしたメモ書きにも便利ですよ！

暑い

It's hot. のパラフレーズ

ちょっと暑い

It's warm.
暖かいです。

副詞　形容詞
It's a little hot.
少し暑いです。

> 副詞を付けて表現することも！
> **so hot**（めちゃくちゃ暑い）
> **rather hot**（だいぶ暑い）
> **little hot**（ほとんど暑くない）
>
> （＊p.48 参照）

○ **It's hot.**

It's steamy.
蒸し暑いです。

It's sweltering hot.
うだるような暑さです。

> 形容詞の後に「〜の暑さ」という意味で hot を付けることも！

It's burning.
火傷するくらい暑いです。

It's roasting hot.
焼かれるような暑さです。

すごく暑い

It's boiling.
沸騰するくらい暑いです。

「気温が上がる」はなんて言う?

● **reach / go up to**

　ex) **The temperature went up to 40°C yesterday.**
　　　昨日は気温が 40℃まで上がった。

寒い

It's cold. のパラフレーズ

ちょっと寒い

It's cool.
涼しいです。

It's a bit chilly.
 副詞　 形容詞

ちょっと肌寒いです。

> 副詞を付けて強調することも！
> **quite chilly**（わりと肌寒い）
> **pretty chilly**（まぁまぁ肌寒い）
> **extremely chilly**（非常に肌寒い）

◗ **It's cold.**

It's wintry cold.
冬のような寒さです。

> 形容詞の後に「～の寒さ」という意味で **cold** を付けることも！

It's nippy.
刺すように寒いです。

It's bitter cold.
厳しい寒さです。

It's frosty.
凍えるほど寒いです。

It's so freezing.
 副詞

凍りつくほど超寒いです。

すごく寒い

「気温が下がる」はなんて言う?

● **drop to / dip to**

ex) **The temperature dropped to 1°C this morning.**
今朝は気温が1℃まで下がった。

温度計で見てみよう

位置関係を
チェック！

実際の気温に当てはめてみるとイメージが湧きやすい！

°F	°C	英語	意味
100	40	**boiling**	沸騰するくらい暑い
80	30	**sweltering hot**	うだるような暑さ
		hot	暑い
60	20	**warm**	暖かい
40	10	**a bit chilly**	ちょっと肌寒い
		cold	寒い
20	0	**nippy**	刺すように寒い
0	10	**bitter cold**	厳しい寒さ
20	20	**so freezing**	凍りつくほど超寒い
40	30		

英語圏で使われる温度の単位

°F = Fahrenheit 華氏 ……
ファーレンハイト

読みかた **60°F : sixty degrees** （60度）

°C = Celsius 摂氏 ……………
セルシウス

読みかた **20°C : twenty degrees** （20度）

そのほかの「暑い／寒い」表現

これも覚えよう！

形容詞の hot / cold を強調する副詞

abnormally 異常に	**intensely** 猛烈に／激しく
awfully ひどく	**literally** ガチで／まさに
dreadfully ものすごく／極度に	**stiflingly** 息苦しいほどに
insanely とてつもなく／常軌を逸した	**unbearably** 耐えられないほど

It's insanely hot, isn't it?
常軌を逸した暑さだよね〜。（そう思わない？）

It's literally cold tonight!
今夜はガチで寒いぜ！

ほかにもある「暑い／寒い」表現

- It's going to be **muggy** tonight.
  今夜は熱帯夜みたいだよ。

- **The dog days** of summer are coming. dog days は「犬の日々」ではなく、夏の一番暑い時期のこと。
  夏の暑い時期がやってきたよ。

- It's **soooooo cold** today. 親しい間柄では、so をこのように使ったりします。
  今日は超〜寒いね〜。

- It could **get nippy** in the evening.
  今晩、かなり冷え込むかもしれないね。

111

天気にまつわるいろいろな表現

これも覚えよう！

「暑い／寒い」の流れで、お天気表現も！　日常会話に欠かせないお役立ちフレーズです。

ネイティブが使う天気表現

● **It's such a lovely day!**
今日はいい天気ね！

晴れといえば sunny が思い浮かびますが、ネイティブは clear（空が澄み切った）や fine（よい）、または lovely / wonderful / beautiful などを使います。

● **It's fine today.**
今日は晴れたね。

● **It's only a shower.**
単なるにわか雨だよ。

● **It will rain on and off tomorrow.**
明日はぐずついた天気になるでしょう。（降ったり止んだり）

snow on and off で「雪が降ったり止んだり」に！

● **It will be partly snowy today.**
今日は所により雪でしょう。

● **It's mostly sunny in Tokyo.**
東京はおおむね晴れです。

「天気予報では〜」を使って表現 ＊ WF = weather forecast

● **The WF said it was going to rain.**
天気予報では雨が降ると言っていました。

● **The WF looks good for this week.**
天気予報によると、今週は天気がよさそうです。

● **According to the WF, it would snow all week.**
天気予報によると、今週はずっと雪が降るようです。

● **I heard from the WF that it will be rainy.**
雨が降るって天気予報が言っていました。

● **The forecast was wrong!**
天気予報が外れたね！

weather を省略して forecast だけでも「天気予報」と通じます。

" ジェンダーに配慮した言い換え "

　近年、ジェンダー（Gender）に関する考えかたもだいぶ変化し、職業に対する差別用語をはじめ、人や物の呼びかたが変わってきました。わかりやすいところで言うと、スチュワーデス（stewardess）が、客室乗務員（flight attendant）と呼ばれるようになったり…。ここでは、そんな変化したワードをピックアップしてみました！

- man（人間）→ human being
- mankind（人類）→ humankind
- young man（若者）→ youth
- freshman（新入生）→ first-year（1年生）
- manpower（労働力）→ workforce
- workman（労働者）→ worker
- businessman（実業家）→ businessperson
- sportsman（スポーツマン）→ athlete（アスリート）
- fireman（消防士）→ firefighter
- actress（女優）→ actor（俳優）
- waiter（ウェイター）/ waitress（ウェイトレス）→ server（給仕人）
- maid（メイド）→ house cleaner（お手伝い）
- housewife（主婦）→ housemaker（ハウスメーカー）
- Englishmen（英国人）→ the English
- mother tongue（母国語）→ native language（自国語）

いいにおい

It smells good. のパラフレーズ

いいにおい

You smell lovely. ·············◉ **It smells good.**

君、いいにおいだね。

The mango has **a sweet scent.**

マンゴーは甘い香りがする。

Each flower has its own **fragrance.**

花にはそれぞれの香りがある。

Mmm, it's **a delicious smell.**

う〜ん、いいにおい〜。(おいしそうなにおい)

I **smelled** something **citrus.**

何か柑橘系のにおいを嗅いだ。

I woke up with the **aroma** of freshly brewed coffee.

淹れたての珈琲の香りで目を覚ました。

It's the popular **perfume** of lavender.

人気のラベンダーの香りです。

すごくいいにおい

smell はオールマイティー［その1］

smell は名詞でも動詞でも使えるので、様々な表現に役立ちます。

［動詞］　　　　　　［名詞］

ex) **Her hair smelled fruity smell.** (彼女の髪はフルーティーなにおいがした)

いやなにおい

It smells bad. のパラフレーズ

You're smelly. ⸺⸺⸺⸺⸺◯ It smells bad.
あなた、におうわよ。

This room is moldy smell.
この部屋はかび臭いよ。

What a bad odor!
なんてイヤなにおいなの！

I hate the fishy smell.
魚の生臭さが大っ嫌いなんです。

This elevator smells like BO.
このエレベーター、体臭のようなにおいがする。 body odor

You stink!
君、（強烈に）臭いよ。

There was a stench from the corpse.
その死体からは（吐き気を催すような）悪臭がした。

smell はオールマイティー ［その 2］

smell はいいにおいでもいやなにおいでも、どちらでも使われます。
ちなみに、smell の形容詞は smelly。こちらはいやなにおいのみに使われます。

形容詞
ex) **This toilet is so smelly.** （このトイレ、超臭い）

そのほかの「におい」表現

これも覚えよう！

においの単語にこれらの形容詞を付けることにより、
より具体的な表現ができるようになります。

フルーティーな香りだわ。
It's a **fruity** smell.

バラは甘い香りがする。
The rose has a **sweet** scent.

いいにおいに使える形容詞

citrus （柑橘系のにおい／香り）
clean （清潔な香り）
comforting （落ち着く香り）
fresh （新鮮な香り）
minty （ミントの香り）
spicy （スパイシーな香り）
woody （木の香り）

なんてムカムカするにおいなの！
What a **disgusting** odor!

この部屋はかび臭い。
This room is **moldy** smell.

いやなにおいに使える形容詞

awful （最悪なにおい）
burning （焦げたにおい）
nasty （イヤなにおい）
sharp （鼻をつくにおい）
smoky （タバコのにおい）
terrible （ひどいにおい）
rotten （腐ったにおい）

---

smell は動詞でも活躍！ とにかくイディオムがおもしろい！

smell は季節などを感じるときの意味としても使われます。

秋って嗅げるの？ I can **smell** autumn.
秋の気配を感じる。

fishy は「魚臭い」という意味ですが、口語では
「疑わしい・嘘臭い」という意味で使われます！

彼の話は魚臭い？ Something **smells fishy** about his story.
彼の話はなんだかインチキ臭い。

rat は「ネズミ」ですが、口語で「裏切者・悪事」を意味します。

ネズミのにおいって？ I **smell a rat.**
誰かが悪だくみをしているみたい。

「におい」のポジショニング

位置関係を
チェック!

においを表す名詞にもいろいろあります。

いいにおい

自然でかすかないい香り

scent

- 花や香水などの香り。
- 快いほのかな残り香。
- ✖ 悪臭には使わない。

< 森林の香り < バラの香り

芳しいにおい／芳香

aroma

- あたりに漂う気持ちのよい香り。
- 食べ物に漂うにおいや、草木のいいにおいとして使われる。
- ✖ 不快なにおいには使わない。

< 珈琲の香り < アロマオイル

香水などのよい香り

perfume

- 花や香水などの快いにおい。
- それ自体で「香水」を意味する。

< ラベンダーの香り

自然に近い薄い香り

fragrance

< 室内香料

< 花の香り

- 花が漂わせる甘く爽やかな香り。
- 繊細なにおいで perfume ほど強くない。

におい・いやな臭い

smell

< いいにおい < 臭いにおい
< おいしいにおい < タバコのにおい

- smell は中立的な表現。
- 「におい」の表現では最も一般的で、「いいにおい・いやなにおい」両方に使われる。

* smell はそのまま使うと悪い意味に取られがちなので、よい意味で使うときは a lovely smell などとポジティブな修飾語を付けましょう。

弱い ←

→ **強い**

臭気・悪臭・いやな臭い

odor

- 物から出る不快なにおい。
- 悪臭に対して使われる語。

< ワキガ < 足のにおい
< 体臭 < 口臭

強烈な悪臭

stink / reek

- 思わず鼻をつまんだり、顔を背けたりするような種類の悪臭。

< 生ゴミのにおい < 臭い靴下

吐き気を催す悪臭

stench

- 我慢しがたいほどの悪臭。

< 腐った魚 < 動物の死骸

いやなにおい

117

元気いっぱい

I'm full of energy. のパラフレーズ

I'm full of beans. ············· ◉ **I'm full of energy.**

元気いっぱいです。（豆をいっぱい食べた馬がとても元気になったことが由来）

I'm in the pink of health.

元気いっぱいです。（英語でピンク色は極めて健康な状態、絶好調を意味します）

> fully（十分に）が付いて更に
> 強調されています。fully の代
> わりに highly でも OK！

I'm in shape.

調子がよいです。（体がよい調子で、快調という状態）

I'm fully motivated.

やる気満々。（文字通り、モチベーションが高い状態）

I'm so pumped up.

気合い十分だよ。（**pumped up** はがっつり気合いが入っている状態のこと！）

I'm in tip-top condition! ▾·········

絶好調！（体調が申し分ないときや、最高な状態）

> **tip-top** には「頂上」のほかに
> 「最高・極上」の意味があります。

I'm full of get-up-and-go!

すごく元気で、やる気満々！（「立ち上がって出発する」→エネルギーに満ち溢れる）

> **get-up-and-go** は「やる気」という意味。

疲れた

I'm tired. のパラフレーズ

🔵 **I'm tired**

I'm knackered. 🇬🇧

とても疲れた。疲れ果てた。（イギリスのスラング）

> knackers には男性の下半身の意味があるので、女子は使わないほうがいいですよ！

I'm exhausted.

もうヘトヘトだよ。（体力・精神力を使い果たした状態）

I'm worn out.

疲れてボロボロ。（すり減ったボロ雑巾状態、worn は wear の過去分詞）

> ちなみに、be frozen to the bone で「冷え切った」という意味に。

I'm tired to the bone. ◀······

芯から疲れ果てた。（ネイティブがよく使う to the bone「〜し果てた」を使って）

> beat は「打つ」のほかに「ヘトヘトに疲れる」という意味が、また形容詞の dead にも「死ぬほど疲れている」という意味があり、「疲れ」のダブル表現です。

I'm dead beat. 🇺🇸 ◀·········

超ヘトヘトに疲れた。（アメリカのスラング）

I'm on my last legs.

疲れ果ててやっとの思い。（直訳で「最後の足でやっと立っている」→もう限界）

（左側縦書き矢印） 疲れた → すごく疲れた

---

tired と **tiring** の違いをチェック！

「疲れた」表現では、この 2 つの違いを知っておくと役に立ちます。

● **tired**…疲れている対象（人）
ex) **I am tired.**（私は疲れた）

● **tiring**…疲れさせている要因（物事）
ex) **Overtime is tiring.**（残業は疲れる）

重盛佳世（しげもり・かよ）

東京造形大学にてデザインを学び、卒業後、大手スポーツアパレルメーカーに勤務。多くの海外ブランドの宣伝・販促・PRを手がけ、40歳目前で退社。一念発起して渡英し、カンタベリーの語学学校（コンコルドインターナショナル）にて英語を基礎から学び直す。現在は、執筆の傍ら、外国人向けアパートメントのコンシェルジュとしても活躍。著書に『全くダメな英語が1年で話せた！ アラフォーOL Kayoの「秘密のノート」』シリーズ、『食いしん坊Kayoのおいしい英語』『アラフォーKayoのおもてなし英会話』（以上、マガジンハウス）、『元OL Kayoのがんばらない英会話』（宝島社）、電子書籍『地球の歩き方 カンタベリーと周辺のすてきな田舎町へ』（ダイヤモンド社）のほか、たかはしみき作画のコミック版『全くダメな英語が1年で話せた！ アラフォーOL Kayoのイギリス奮闘記』（幻冬舎コミックス）がある。

視覚障害その他の理由で活字のままでこの本を利用出来ない人のために、営利を目的とする場合を除き「録音図書」「拡大図書」等の制作をすることを認めます。その際は著作権者、または、出版社までご連絡ください。

見るだけで英語が話せるようになる

なるほど！英会話フレーズ

2020年10月19日　初版発行

著　者　　重盛佳世
発行者　　野村直克
発行所　　総合法令出版株式会社
　　　　　〒103-0001
　　　　　東京都中央区日本橋小伝馬町15-18
　　　　　EDGE小伝馬町ビル9階
　　　　　電話 03-5623-5121（代）

印刷・製本　　中央精版印刷株式会社

落丁・乱丁本はお取替えいたします。
©Kayo Shigemori 2020 Printed in Japan　　ISBN 978-4-86280-769-4

総合法令出版ホームページ　http://www.horei.com/